論女性

On Women

Susan Sontag

蘇珊・桑塔格

黃妤萱　譯

目次

引言

文——梅薇・艾姆瑞（Merve Emre）

受邀為早期論述女性的文章撰寫介紹實讓評論人感到惶恐，只怕自己會發現其中的概念就算讀來有趣，卻只能當作是在賞玩來自久遠前保守時代的老骨董。然而，重讀蘇珊・桑塔格《論女性》的文章和採訪之後，卻發現內容並未太過陳舊，令人鬆了口氣。這些篇章的確已有近五十年的歷史，但幾乎沒有讓人興起「是他們那時代才如此」這種稍稍不以為然的念頭，今天重讀這些篇章卻只讓人驚嘆其早熟超前的天才見解。裡頭完全沒有現成概念，絕不拾人牙慧——內容絕無淪為說教或空話之虞。本書文章讓我們見識到作者如何運用自己的宏大智慧，犀利闡釋在美國、美洲乃至於全世界身為女性的政治與美學。

蘇珊·桑塔格絕無僅有的魅力也讓她受了些冤枉，尤其是在性與性別認同議題上。批評者猜疑她的名氣，以為桑塔格的成就讓她對普通女性所面臨的困境免疫，說她與第二性的關係充其量只能說是不專一，講難聽點就是不忠誠。舉例來說，詩人兼女性主義活動人士艾德麗安·里奇（Adrienne Rich）便曾投書《紐約書評》（*The New York Review of Books*），駁斥桑塔格以德國導演蘭妮·萊芬斯坦（Leni Riefenstahl）為題寫成的論說文〈誘人法西斯〉，其言下之意令我們難以忽視。桑塔格認為萊芬斯坦的電影之所以會成為文化豐碑，女性主義者要負一定責任，但里奇對此不以為然，她點出「激進女性主義者還是會時時批判男性認可的『成功』女性，無論對象為藝術家、企業主管、精神科醫師、馬克思主義者、政客或學者皆然。」不意外，在里奇的投書中，「男性認可」的價值不僅限於事業成就，也涵蓋桑塔格在其著作中有興趣探究的美學和倫理現象：人如何變形成物、時尚抹殺個性、藉由主宰和臣服來追求完美——里奇為控訴這位受前述主題吸引的評論家，便用同一支大筆一揮，將以上種種刷上了父權色彩。

里奇認為桑塔格並未站在激進女性主義運動這方，我們大概能同意這點。桑塔格質疑其固有的政治言論（她於日記中稱之為「激進左派」［gauchisme］），也不贊成他們一概斥智識價值為「資產階級、男性中心主義、壓迫」。她在回應里奇時寫道：「女性主義與所有基本的道德真理一樣，稍嫌頭腦簡單。」里奇則斷言，桑塔格論女性的著作「比較像是在賣弄智識，而非出自她對自我生活經驗的真實表現與深度覺察。」然而，除非我們同意，唯有對「男性認可」的女性和價值觀施以道德譴責者才稱得上是女性主義者，否則我們應質疑這樣的說法。

桑塔格在一九七二年的一篇日記中指出，「女性」是她畢生關注的三大主題之一，另兩個為「中國」和「怪胎」。然而，「女性」要等到一九七〇年代才成為她的寫作重心。歷史的解釋就已經夠直白了。一九六八至一九七三年是美國女性運動能見度最高、最活躍的年代。而如今的我們也能看著種種鮮活影像遙想當年：女性焚燒胸罩、上街遊行並參加燭光守夜活動；女性為向大眾推廣議題（如同工同酬、家暴、家務勞動、兒童照護及墮胎權等）發送油印傳單；女性滿腔熱血地翻閱《第二性》、《女性的奧祕》（*The Feminine Mystique*）、《性的辯證法》（*The Dialectic of Sex*）和《性政治》（*Sexual Politics*）等書籍。幾乎每位知名的散文女作家都對這場運動發表過看法，但她們往往是以冷漠、輕蔑的懷疑態度看待運動的目標與原則。今天，人們在讀到像伊莉莎白・哈德威克（Elizabeth Hardwick）語焉不詳的〈女性談女性〉（*Women Re Women*），或者瓊・蒂蒂安（Joan Didion）惡毒又膚淺得嚇人的〈女性運動〉時，都會隱約感到不安——或者簡單說，讀者會不解為何作者如此缺乏同理心、為何如此理所當然地輕視女性、為何竟然對深遠影響到女性同胞與她們自己人生的大環境興趣缺缺。

相較之下，桑塔格的文章與訪談就鏗鏘有力、富同情心、真實無比，對女性的各種面貌也有著寬宏的想像力。若時空有變，《論女性》這本文集的出版時機大概會落於《激進意志的樣式》（*Styles of Radical Will*，一九六九年）與《土星座下》（*Under the Sign of Saturn*，一九八〇年）之間。本書收錄的文章代表著桑塔格寫作生涯被忽略的五年，且有大半是作於她的越南之旅和首次被診斷罹癌之間。我們在桑塔格之個人經歷與更廣泛的歷史脈絡下閱讀《論女性》時，會發現內文總是與死亡相扣——她對女性的整體觀念充斥著死亡的身影，她清楚生命之有限、清楚心靈與肉身都必將消亡，而這樣的認知也縈繞於她的文章。「前幾天我想到自己會死（我常想到這事），結果有了新的體會，」她在一九七四年的日記裡寫道。「我發現自己至今對死亡的思維一方面太過抽象，一方面又太過具體。太抽象的是死亡本身，太具體的是我本人。於是我找到了一個介於兩者之間、既抽象又具體的主題：女性。我是女人。於是我眼前出現了一整個全新的死亡宇宙。」死亡的陰影驅使她重新審視個人（單一女性）與集體（可隨著時間推移而演變的女性歷史集體）的關係。桑塔格探討女性的行文風格，比早期文章中華麗、潑辣的美更加內斂且務實，彷彿若要談論整體女性，她就得多少抹去她非凡的自我。

死亡於各篇文章中呈現出許多奇異的面貌。她曾於日記中寫下自己對死亡的想像——如強姦、謀殺、奴役，但死亡在這裡卻很少以前述的駭人面貌出現（她在某篇耐人尋味的日記裡曾寫下一些作文筆記，她想將文章命名為〈論女性之死〉或〈女性如何死亡〉，但從未下筆寫成）。一九七二年，桑塔格與左翼季刊《自由》（*Libre*）發表了〈女性的第三世界〉這篇精彩訪談，正如她在文中所說，死亡有時是整個全球秩序自我毀滅的意志，此種全球秩序信奉成長無限度的意識型態——「生產力和消費水準不斷提高；無休止地蠶食環境」。女性與男性都為這種赤裸、永不饜足的欲望所困，因而為之汲汲營營，但女性還更受到核心家庭制度的壓迫，她說核心家庭是「性壓抑的監獄、道德雙標的場所、陳列占有欲的博物館、專事生產罪惡感的工廠、教導自私的學校」。可家庭誠然也是明顯非異化價值觀（「溫暖、信任、對話、無競爭關係、忠誠、自發、性快感、樂趣」）的來源，這樣的事實只會讓核心家庭制更加壯大。

在診斷家庭的此種雙重面向時，桑塔格也特地讓自己與當時社會主義或馬克思主義－女性主義者的論述保持距離；我們可於通篇訪談中注意到作者對政治激進主義的明顯過敏，也能注意到她堅信工作能夠提供自豪感、自我肯定，能讓自己得到合理的社會和文化認可。然而，她和這些女性主義者一樣很清楚家庭之完整係有賴於剝削女性無薪酬的家務勞動，有賴於貶低此種勞動力的價值，認為其「在經濟中只能發揮輔佐、後備的作用」。她強調：「已能自由入『世』的女性在下班後還得負責採買、煮飯、打掃、顧小孩，工作量直接翻倍。」而要從死局逢生，就得發起一場革命來推翻累積資本的欲望、推翻這種固守現有勞動分工——男主外，女主內——的獨裁道德習慣。

然而在更多時候，死亡在各篇文章中的形象則是慢慢腐蝕人的自我意識，限縮生命的各種可能性，令人痛苦。桑塔格坦白地在〈衰老的雙重標準〉一文中闡釋這點，下筆清晰而毫不留情。「年長的過程卻主要是想像上的煎熬——是一種道德疾病、社會造就的病態，在本質上對女性的折磨要多過於男性，」她這麼寫道。日復一日，人對自我潛能的視野也漸漸黯淡消退。身體開始出現衰弱的跡象；身體自曝為自己最親密的叛徒，背叛了年少時形成的、堅定無暇的自我願景。然而桑塔格也堅稱，此種願景本身就是對女性的背叛。「在這個社會裡，美貌就是女人的事業，是她們被奴役的舞臺。女性之美只有一道標準：保持**女孩的樣貌**。」這社會不允許女性改變，不允許她們無懼社會的眼光背棄乖巧天真的性格，轉而追求智慧、才幹、力量及野心。《論女性》收錄的文章指明了，對桑塔格來說，女性受到的壓迫不僅是政治和經濟問題，更是美學和敘事的問題。

而美貌是否會對女性主義造成問題？但也許我們更該對桑塔格文章提出的問題是：美貌是否會對女性想像自己未來的方式造成問題？何謂不受美的傳統形象和刻板故事約束？何謂從中解脫？要一個美麗女人以外在美貌為題來寫作總是有些尷尬，因為她本人一方面是提出評判的人，另一方面又是自己評判的對象。但對她來說，承認自己的美貌已經開始瓦解、褪色也是同樣尷尬，甚至更為尷尬；因為她如今不再能以驚人玉容示人，定義自己的，只剩下已經離去的美貌。桑塔格在寫下〈衰老的雙重標準〉之時已經三十九歲，臨近四十，這是她在《論女性》裡透露的少數個人細節之一。而她在寫下〈女性之美：是貶抑或是力量的泉源？〉和〈美：下一步又有何變化？〉時則已四十出頭。「美麗誠然是一種力量，也當之無愧，」她寫道。然而，人們在看待「美」時，卻總是將這股力量牽扯上男人：「不是有所作為的力量，而是魅惑的力量」。「（美）是一種否定自我的力量。因為這種力量由不得你我自由選擇——至少女性不能；放棄美貌也必會招來社會異樣的眼光」。

桑塔格意圖讓女性與美貌建立一種更新鮮、更有力量的關係，而她向來便對人們以「美」作為對人和藝術的評斷標準存有疑慮，此種態度也是她的助力。她曾寫下〈敢曝札記〉（*Notes on "Camp"*）[1]一文首次正式表達此疑竇，桑塔格於文中暗示，美與大眾文明結合後，便催生出單調、乏味又可預測的品味。《論女性》提到，美與大眾文明的結合也助長了女性壓迫，因其逼迫女性迎合一套展現自我的標準，而這套標準一方面太過多變、太快便定型市場上突然出現的潮流及其美學價值；一方面又太過嚴苛，使得年長者、勇於發聲者、樣貌醜陋者、缺乏女性氣質者、殘疾者無法受到社會認可。正如她指出，「美的格局為了撐住『女性氣質』的神話而變得狹隘」，既然如此，要創造更具衝擊力、更寬宏的美學定義，我們就得澈底斬除既有的性別規範。這樣美便不必再仰賴男性許可，女性也能反過來挪用「陽剛」特質來為己服務。

「敢曝」的概念隱隱貫穿了《論女性》收錄的文章。桑塔格起初認為敢曝非關政治，但在本書文章中，它卻成為女性主義解放政治的必備美學感受力。既然敢曝的意義正如她在與《沙爾曼甘迪》（*Salmagundi*）雜誌訪談時所說，是指藉著「堅定、尖刻、粗俗地模仿嘲弄」性別來違抗既定的性別常理，那麼她對意識覺醒政治的想像就存在著一種極度敢曝的特質。她鼓勵女性想像自己是「街頭游擊式戲碼」（guerrilla theater）或革命中的演員，儘量以最誇張的舉動、最輕蔑的態度來最從事下列行為：

> 她們應上街對男人吹口哨、突襲美容院、揪出製造性別主義玩具的玩具製造商、讓更多女同志的態度強硬起來、自行經營免費的精神科和墮胎診所、提供重女性權益的離婚諮詢服務、設立化妝戒斷中心、從母姓、毀壞有辱女性的廣告牌、打斷公共活動，大聲向男性名流政要的溫順妻子致意、呼籲女性放棄贍養費和不再咯咯陪笑、對熱門「女性雜誌」提起誹謗訴訟、動員大家以電話

1. 譯註：「敢曝」是指鋪張、華麗、有趣味、較不嚴肅的藝術風格，不受傳統形式主義嚴格標準的限制。

騷擾與女患者發生性關係的精神科男醫生、舉辦男性選美比賽、為所有公職推舉女性主義人選。

「女性得顯得粗魯、尖刻，還有——按照性別主義的標準——『沒有魅力』，才會更有政治影響力，」桑塔格提出。「遭人嘲笑是必然，但女性絕不能只是隱忍吞聲。她們對嘲諷其實更應該張開雙臂歡迎。」坦然接受嘲諷，不只能讓自己不在意男性投以的性別主義譴責目光，更是消除男女意識型態分歧（在她眼中，這正是女性主義革命的最終目標）的第一步。「女性在主觀和客觀上都與男性真正平等的社會……必然得是個中性的社會。」她不贊同分離主義、不贊同大力劃分身為女性與否、貌美與否的界線。她贊成用力打亂性別和性取向的定義，贊同個人享有多元存在形式的權利——她成為自己許多破碎自我的權利。她期許男性和女性的美學與政治能夠融合，最終消滅這兩種身分類別。這樣女性便不必再為自己打造私有的文化，不必再尋找自己的房間。「**她們應以破除既有規範為目標，**」她總結道。

對我來說，《論女性》和桑塔格整體作品的祕寶就屬其中收錄的訪談了，因為這些訪談為多元風格和思想開創了寬廣空間，內容也反映出她對自我多元價值的信念。「作為知識分子就得重視多元化的內在價值、重視擁有批判空間（社會內部提出批判、反對的空間）的權利，」她在日記中如此寫道。讀者們也能於訪談中察覺一種仍然嚴謹卻更加大膽、更自由且非得爭個你死我活的聲音。我們得以再次傾聽她早期文章中熱切戰鬥的精神，也能聽見她對於回應、挑戰、詳述、思索的意願；聽見她是如何拒絕接受過度簡化的答案或自以為是的態度。我們能感受到驅使她持續思考的渴望。儘管我們之間橫亙著漫長且不斷增長的時間距離，我們仍能感受到桑塔格那股要求我們永不停止與她一同思考的力量。

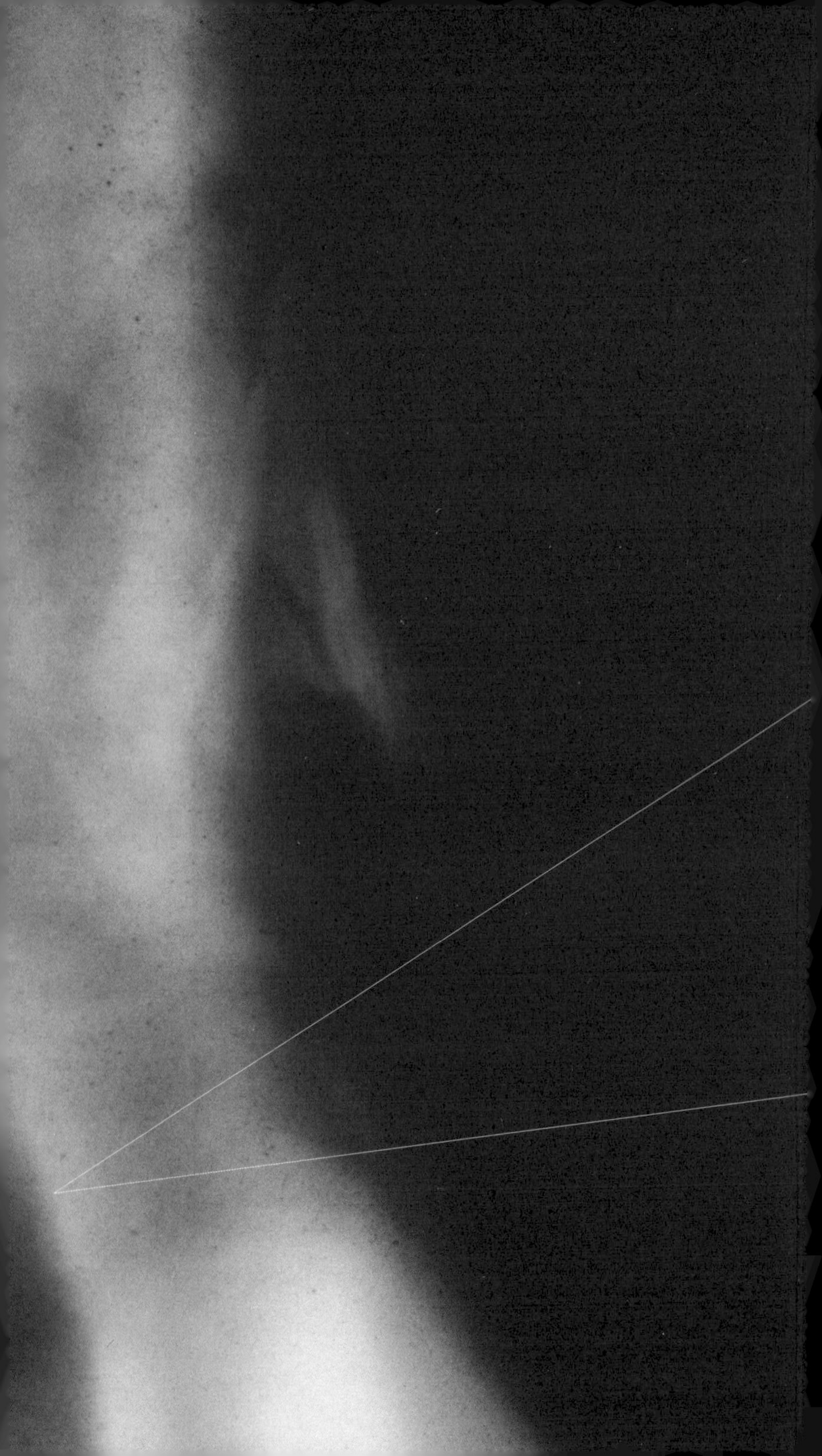

The Double Standard of Aging

衰老的雙重標準

「你幾歲？」誰都可能提出此問。回答者是個女人——「特定年齡」的女人，法國人總會小心翼翼地這麼說。答案從二十出頭到五十多歲都有可能。如果問題無關個人——只是她申請駕照、信用卡、護照時必填的資訊，那她大概會逼自己照實回答。填寫結婚證書申請表時，若未來的丈夫年紀稍輕，她可能會渴求為自己減去幾歲；但大概不會這麼做。爭取工作時，女人的勝算往往部分取決於「適齡」與否，若她的年齡不合適，若她自覺能規避懲罰，那她就會撒謊。要是女人是第一次去看新的醫生，被問及年齡的那一刻，大概會讓她感覺特別無所遁逃，她可能會匆匆老實交代了事。但此問若正是人們所謂的私人問題——若提問者是新朋友、泛泛之交、鄰居的小孩，或者是辦公室、商店、工廠裡的同事——那她的反應就更難以預測了。她可能會開個玩笑避重就輕，或者佯裝生氣拒絕回答。「你難道不知道女人的年齡問不得嗎？」或者她會在猶豫片刻之後，尷尬又戒備地照實回答。或者她可能會撒謊。但無論是真相、逃避話題或撒謊都無法緩解這問題帶來的不快。對於過了「特定年齡」之後的女性而言，說出自己的年齡總是一道小小考驗。

若這問題是出自女人之口，那就比出自男人之口少了點威脅性。畢竟其他女性也是可能一起受辱的戰友。她會少一點打哈哈的態度，不再那麼忸怩。但她大概還是不樂意回答，可能不會說實話。除去辦理官僚手續之必要外，凡是對過了「特定年齡」的女性提出此問題者，要不是無視禁忌，就是不懂禮數或刻意挑釁。幾乎所有人都認定，一旦女人過了特定年齡——縱使還相當年輕，那就不應再好奇她的確切歲數。童年結束後，女性的出生年份就成為她的祕密、她的私人財產。這是個骯髒的祕密。誠實回答絕非上策。

女性每每道出年齡時所感到的不適，其實並不關乎每個人不時對人類壽數有盡的焦慮意識。沒有人喜歡老去，這是人之常情，男女皆然。凡是提及年過三十五者的年齡，都是在提醒他們，自己大概已遠離生命的開端，反而更鄰近終點。此種焦慮感絕無不合理之處。而真正年事已高者（好比過了七、八旬之後），在自己身心的力氣都不免漸弱之時，也總會感到痛苦和憤怒，這也沒有任何異常。無論如何固執忍耐，高齡無可否認是一道考驗。無論老人多麼勇敢地堅持航行，人生都是一艘漸漸沉沒的船。但老年時客觀、神聖的痛苦，卻不同於年紀漸長時主觀、世俗的痛苦。年老是真正的磨難，無論男女都會有類似經歷。年長的過程卻主要是想像上的煎熬——是一種道德疾病、社會造就的病態，在本質上對女性的折磨要多過於男性。女性尤其會帶著此種厭惡、甚至是羞恥感看待年紀漸長（就算是在真正變老**之前**）的過程。

這個社會賦予青春年少的情緒特權多少激起了每個人對老去的焦慮。不同於部落、農村社會，所有現代都市化社會都睥睨熟齡的價值，反倒對青春的喜悅大加讚揚。世俗社會崇拜不斷增長的工業生產力與對自然無饜足的侵吞，此種對生命週期的新評價奉青春為圭臬，正是為了這種社會而服務。要想讓人們購入更多商品、更快速地消費和丟棄，世俗社會便必須為生命營造出新的節奏感。人本應最能直接掌握自身需求以及真正能帶給自己快樂的事物，但業者為幸福和個人福祉構築出的商業化**形象**卻已凌駕此種自我認識；而在這幅為繼續刺激狂熱消費而繪製的景象中，最常用來作為幸福隱喻的就屬「青春」（我堅持認為這是隱喻，不是字面描述。青春是對能量、躁動、欲望的隱喻，是「渴望」的狀態）。這種將幸福與青春劃上等號的行為，令人過度執著於自己和他人的確切年齡。在原始及前現代社會，人們對日期的重視程度要低得多。若我們能將人生劃分為一段段漫長時期，每段時期都有其固定責任與一致的理想（和矛盾），人的確切歲數就成了芝麻小事；一個人的出生年份也就微不足道，甚至不值得打探。大多數活在非工業社會裡的人都不確定自己究竟幾歲，可工業社會裡的人卻經常為數字所困。人們近乎痴迷地在「記分卡」添上自己的年齡，總分過高（但「過高」的標準很低）就是壞消息。在這個時代，人類的壽數實際上越來越長，但每個人在後三分之二的生命裡卻都壟罩在青春一去不返的憂慮之中，令人酸楚。

「青春」的顯赫名聲多少困擾著社會上的每個人。男性也容易因年紀漸長而不時感到憂鬱——像是對工作失去安全感、沒有成就感或未得到足夠回報之時。但男性很少如女性那般因歲數而恐慌。年長對男人的殺傷力沒有那麼大，因為儘管眾人對青春的追捧使男女都在抗拒年齡的增長，但這個社會還存在一套對衰老的雙重標準，尤其嚴厲地譴責女性。社會對男性老化更加寬容，正如它也對丈夫的性不忠更加寬容。男性「被允許」

變老，不會受罰，但女性在各方各面則不然。

這個社會給年長女性的回饋比男性更少得多。外在魅力於女人的生命中比在男人的生命中更為重要，可是美貌畢竟與青春年華劃上等號，經受不住年歲的考驗。出眾的心智能力可以隨著年齡增長而越發強大，但少有人會鼓勵女性將自己的心智培養到超越半吊子的水準。因為在世人眼中，專屬於女性的智慧是「永久不變的」，是一種關乎情感、古老而直觀的知識，而累積見識、世俗經歷及理性分析都無法再增長這種智慧，故而活得長久也不保證能讓女性豐富智識。女孩早早就該培養家務技能，不必學習那些會隨著經歷而進步的能力（做愛的才能除外）。才幹、自主、自我控制力被當作「男子氣概」的象徵——青春的消逝不會威脅到這些特質。除體育運動外，多數歸屬於男性的活動都能隨著年齡增長而熟練。「女性氣質」則被視作無能、無助、被動、不與人爭、乖巧。這些特質不會隨著年歲而有長進。

若中產階級男性尚未成就一番事業或賺大錢，就算年紀還輕，他們也會因年紀漸長而感到慚愧（這些男人的慮病症傾向會於中年時加劇，尤其更害怕心臟病發及喪失陽剛之氣）。他們對老化的擔憂與社會要男性「功成名就」（男人的中產階級身分就是由此定義）的可怕壓力有關。女性就很少擔心自己馬齒徒長。女性從事家務外的工作僅是為了賺錢，很少算得上是成就；女性的大多數就業機會也多是利用她們自小培養出的奴性，僅是為了輔佐與依賴，還不能喜歡冒險。她們可以在輕工業從事低技術的乏味工作，這類工作與家事一樣難以作為衡量成功的標準。她們能當祕書、小職員、銷售員、女傭、研究助理、服務生、社工、妓女、護士、老師、接線生——把女人在家庭中的服侍與照護角色搬到公共場域。女性極少擔任主管職，罕有人會覺得她們能擔下大公司職務或政治責任，而需博雅教育的領域也少見女性（除教職外）。她們幾乎碰不得涉及專業、須密切掌控機器或消耗體能的工作，而有受傷風險、帶有冒險感的工作也都拒女性於門外。這個社會認為，女性只要擔任配角即可，她們只須從事「文靜」的活動，不必與男人競爭，輔佐男人就好。除薪酬較低外，女性從事的工作多半頂上有片較低的天花板，也少有掌權的管道（儘管想掌權是人之常情）。女性的所有傑出成就都是由她們自發達成，而非因為這社會對女人有什麼期待；容不得女性懷抱進取野心的社會往往壓抑著她們。於是女性當然不會像中年男人一樣，因一事無成而恐慌、感覺自己攀不上事業的階梯，或者害怕被年輕一代推下。但她們大多也得不到男性從工作中獲得的真正的滿足感，而這種滿足感多半會隨著年紀漸長而增加。

這種對衰老的雙重標準在傳統的性吸引力方面表現得最為殘酷——這社會認定男女就是不平等，而女性永遠處於弱勢。一般來說，從即將成年到二十中旬的女性可以吸引與她年齡相仿的男性（理想上他應稍長一些）。於是兩人結婚共組家庭。但若丈夫在婚後幾年開始外遇，他通常會找上比妻子年輕得多的女人。假設夫妻倆在年屆五十至五十出頭時離婚，那丈夫便有再婚的大好機會，還很可能會娶個更年輕的女人。前妻則難以再嫁。她不太可能吸引到年紀比自己小的第二任丈夫；就算想找個年齡相仿的對象也很靠運氣，最後大半只能委屈於一個六、七十歲，老自己很多的男人。女性比男性更早喪失性愛資格。而男人——就算是醜陋的男人——到老仍能於情場保有一席之地。對於有魅力的年輕女人而言，他算是還能接受的伴侶。女性，就算擁有美貌，喪失性吸引力的年紀卻早得多（除非找個很老的男伴）。

所以，對大多數女性而言，老去就是性能力漸失的屈辱過程。因為人們都認為女性在年輕時的魅力最盛，此後她們的性價值便穩步下降，所以就連年輕女人也自覺在拚命與日曆賽跑。凡是非極致年輕的年紀就算是老。有些女孩甚至在青春期的尾聲就開始煩惱結婚的問題。男孩與年輕男子幾乎沒理由覺得自己會因年紀漸增而遇上問題。男人吸引女人的因素不關乎年輕與否。熟齡反倒往往對男性有利（效力可持續幾十年），因為他們作為情人與丈夫的價值，更取決於他們的作為而非外表。許多男人在四十歲的情路都比二十、二十五歲時更順遂；名譽、財富還有權力尤甚，都能增添性魅力（人們常認為，在競爭力強的職業中或於商界掙得大位的女人不太吸引人。多數男人承認這種女人常讓他們膽怯或失去性趣，顯然是因為她更難對付，不能單純被視為一個性「對象」）。男人可能會隨著年齡增長而開始為自己真正的床笫表現感到焦慮，擔心喪失雄風或甚至陽痿，但他們並不會光是因年齡漸長就失去做愛的資格。男人只要還能做愛就保有性愛潛能。

女性則處於下風，因為她們的性愛候選資格取決於關乎外表和年齡等更嚴格的特定「條件」。

在世人的想像之中，女性的性生活比男性更加受限，所以未婚女性會受人憐憫。人們覺得她不為人所接受，認定她的人生只會繼續證實她不為人接受之處。外人會以為她在床笫中沒有一席之地，這令人難堪。可是單身漢多半不會收到這種無禮評價。眾人都覺得他不論幾歲都肯定有性生活——就算目前沒有，也一定還有機會。男人可不會和女人一樣陷入被比作老處女的屈辱處境。「先生」一稱是從嬰孩時期到老年都通用的保護罩，正好為男人免去了每個「單身小姐」不再年輕時都會受到的恥辱（女性則被分為「小姐」和「太太」，讓人總執著於每個女性的婚姻狀態，顯見在眾人眼中，單身或已婚更能代表女性的身分，男人則少有這種問題）。

不再非常年輕的女性等到終於能夠結婚時，肯定會多少感覺鬆了口氣。婚姻能緩解她多年來感受到的極端苦痛。但焦慮感從未完全退去，因為她明白，萬一自己之後重回情場——也許因為離婚、丈夫亡故，或是想來場性愛冒險——不管她有多貌美，她面臨的障礙絕對比任何同齡男人

（**無論**她年紀多大）要大得多。她的成就（若她有自己的事業）也不會是優勢。日曆才是最終的仲裁。

想當然，這樣的日曆因國情而異。在西班牙、葡萄牙及拉丁美洲國家，大多數女性身體遭判出局的年齡比在美國還來得輕。法國則稍遲一些，年齡介於三十五至四十五之間的女性還保有魅力，這算是法國半公定的標準。她的任務是要引導缺乏經驗或膽怯的年輕男人，當然了，之後她還是會被年輕女孩取代（法國作家科萊特［Colette］的短篇小說《親愛的》［*Chéri*］便是虛構故事中最為人所知的例子；巴爾札克的傳記則道出現實生活中一段有據可查的故事）。這種性愛迷思確實讓法國女性更容易接受四十歲的來臨。但上述各國的基本態度並無區別，女性總是比男性更早喪失性愛資格。

老化也因社會階層而異。窮人比富人更早顯現老態。但中產階級與富有的女性對衰老的焦慮肯定比工人階級的女性更普遍、更嚴重。社會中經濟弱勢的女性對於年華老去看得較開；她們無法負擔如此長期且頑強的美容抗戰。最能保住青春容顏的女性都過著不必付出勞力、有物質保障的生活；她們飲食均衡、負擔得起優良的醫療保健、孩子較少或根本不曾生育——由此可見，這場年齡危機著實不過是假想。衰老比較像是一種社會審判，而非生命過程。因衰老而生的憂愁比更年期帶來的強烈失落感（隨著壽命延長，更年期也來得越來越晚）更為深刻。這種憂愁多半不是由女性人生中的任何真實事件引發，卻是因為社會時時「占據」著她的想像力——換言之，這個社會限制了女性自由想像自我的方式。

德國作曲家理查·史特勞斯（Richard Strauss）的感性諷刺歌劇《玫瑰騎士》（*Der Rosenkavalier*）便對衰老危機有很經典的敘述。劇中的女主角是位富有、貌美的已婚女子，她決定放棄戀情。元帥夫人在與心愛的年輕情人共度春宵之後，內心卻突然出現意想不到的掙扎。那是在第一幕接近尾聲時，奧克塔維安（Octavian）剛剛離開。晨起的夫人則一如往常，獨自坐在臥房裡的梳妝臺前。這是每個女人日日都會為自己舉行的品評儀式。她看著自己，震驚不已，並開始哭泣，只因自覺青春已逝。注意了：元帥夫人照鏡時並未覺得自己醜陋。她貌美如常。然而，元帥夫人的體會是來自內在的——換言之，那是她自己的想像；她實際上什麼也**看不到**。但她的覺察卻是同樣地晴天霹靂。她為了成人之美，而勇敢作出了痛苦的決定。她打算安排讓自己心愛的奧克塔維安愛上另一個與他同齡的女孩。她必須面對現實，她已經失去資格，她現在是「老元帥夫人」了。

史特勞斯於一九一〇年寫下這部歌劇。現代的歌劇觀眾從歌詞得知元帥夫人的年齡為三十四歲時都頗為震驚；如今此角也大多由四十至五十多歲的女高音來演繹。若是由一位三十四歲的迷人歌手扮演，那元帥夫人的感傷看來就太神經質了，甚至可謂荒謬。當今少有三十四歲的女性會自認已失去談戀愛的資格。隨著幾代人以來的預期壽命急劇上升，退休年齡也越來越高。儘管如此，女性看待年齡的**角度**還是不變。必須接受自己「太老了」的時刻依舊不饒人。可是客觀來說，這時刻總來得太早。

在更早以前的世代，女人放棄戀愛的年紀甚至更輕。在四十年以前，四十歲的女性不只是年長，更是衰老、已經完蛋。連掙扎的機會都沒有。如今，向歲月投降的時機已經沒有固定日期。衰老危機（我說的只有富裕國家的女性）開始得更早，卻持續得更久，橫跨女人的大半生。女人幾乎不必達到我們可合理認為是年長的年紀便會開始擔心自己的年齡、開始說謊（或忍不住想要說謊）。危機隨時會來。日子安排取決於個人的敏感（「神經質」）程度和社會風俗的變化。有些女性會等到三十歲才經歷第一次危機。沒有人逃得過自己接近四十歲時的震撼。每年生日——尤其是展開下個十年之時，因為整數有特別的權威——聽來都如又一次的潰敗。期待幾乎與現實一樣令人痛苦。大約在一世代前，青春正式結束的歲數緩緩爬至三十歲，此後二十九就成了令人不安的年齡。三十九歲同樣讓人難以面對；人在這一年會為自己即將跨入中年而訝異、發愁。這道交界雖不固定，卻一樣讓人感覺真實無比。縱然女人在四十歲生日那天與三十九歲的自己幾乎沒有差別，但這一天似乎是個轉捩點。但早在真正成為四十歲的女人之前，她便一直在奮力抵禦即將襲來的憂鬱感。每個女人畢生最大的悲劇之一就是衰老；這的確是**最長久**的悲劇。

衰老是可以不斷變動的惡運，是永遠不會耗竭的危機，因為年齡帶來的焦慮感永遠用不完。這場危機是憑藉想像力但非「現實生活」而生，所以有著一次次重複的習慣。衰老的範圍（相對於實際上的老年而言）並無固定界限。它多少可由人隨心定義。每回展開一段新的十年，許多女人在消化初期的驚嚇之後，便會憑著一種可愛、絕望的求生衝動將界限延伸到下一次十年。對青春期末的少女而言，三十歲彷彿是生命的終點；而至三十歲，刑期就能推遲至四十歲；到了四十歲，則還可以再給自己十年。

我還記得，我大學時期最好的朋友曾在她二十一歲生日那天哭泣。「我人生最精華的時光已經結束，我再也不年輕了。」她是快要畢業的大四生，我則是個只有十六歲的早熟新鮮人。我一頭霧水，儘管無能為力但還是想辦法安慰她，說我覺得二十一歲沒那麼老。其實我根本不懂二十一歲究竟有什麼令人沮喪的。我只覺得這是好事：我們可以自己作主、享受自由了。十六歲的我還太年輕，沒有注意到（也沒有為此而困惑）這種古怪、鬆散的社會規約，令人不得再將自己視為女孩，而該改視自己為女人（在美國，此規矩已可推遲到三十歲以上）。縱然我覺得她的擔憂很荒謬，可那時我也一定明白，對將滿二十一歲的男孩來說，這不僅荒唐，更是無法想像。只有女人才會為了年齡庸人自擾。當然，此煩惱會不由自主不斷重演（因為年齡危機大半是虛構的，是想像中的毒藥），所有不真實的危機皆然。我的這位友人也一遍又一遍經歷相同危機，每次都似乎是第一回。

我也參加了她的三十歲慶生會。她是個情場老手，二十幾歲的大半時間都住在國外，這時才剛回美國。我倆剛認識的時候她就很好看了，現在美貌依舊。我還打趣著重提她當年因為年滿二十一而落淚的事。她大笑著說自己不記得有這回事，但還是感傷地說三十歲真的是結局。她不久之後便結婚了。我的朋友如今四十四歲。雖然不再是眾人所謂的美女，但外表還是很出眾，迷人又有朝氣。她在小學教書；長她二十歲的丈夫則是兼職的商船水手。兩人育有一兒，今年九歲。她偶爾會趁著丈夫出門時找個情人。她最近告訴我，四十歲是最令人沮喪的生日（我這次沒有參加慶生），儘管自己的人生僅剩幾年，她還是要把握時光好好享受。她成了那種在對話中總是逮住機會提及自己有多老的女人，本著一種帶有自憐之意的逞能精神，與女人不時謊報年齡的心態差異不大。但比起二十年前，她其實已不那麼為衰老發愁。她有了孩子，且生得頗遲（在三十歲以後），這誠然有助於她同自己的年齡妥協。我猜想，她到了五十歲會更果敢地推遲退場的年齡。

在年齡危機造成的死傷之中，我的朋友算是比較幸運、頑強的。大多數女人都沒這麼有朝氣，也無法像我朋友一樣，對自己的苦痛懷抱天真的搞笑心態。但幾乎所有女性都多少忍受著這樣的苦痛：想像力通常在相當年輕時便開始反覆襲來，令她們不時算計著自己的損失。這個社會的規矩對女性很殘酷。女性在成長過程中從未完全被當作成人看待，又比男性更早被淘汰。其實，大多數女性在性方面都要等到三十多歲才比較放得開、更懂得表達（女性的性成熟之所以來得如此遲——當然比男性遲得多，原因無關乎固有的生物因素，而是因為我們的文化總會窒礙女性的發展。男性擁有的大量性能量出口大多不對女性開放，所以許多女人都需要很長時間才能消除些許壓抑）。女性在正值性成熟之時被剝奪了擁有性魅力的資格。衰老的雙重標準騙走了本可能是女人性生活最精彩的時期——約介於三十五至四十歲之間。

女人常盼著能被男性討好，她們的自信也多有賴於男性的奉承，有此可見這道雙重標準是如何深深摧殘女性的心理。這社會不僅讓人人都感到必須常保青春容顏的壓力，還強調「女性氣質」的價值，認定女人的性吸引力在於青春。女性總想永駐「正確的年齡」，男人就沒有同樣的迫切渴望。女性若不再年輕，她的自尊與人生樂趣便會大受威脅。大多數男性在衰老時是會感到遺憾和憂慮。但大多數女性的經歷卻多了羞恥，令她們更為痛苦。老化對男人來說只是命運，畢竟這是凡人的必經之路。可對女人來說，老化不僅是命運。因為女性是定義較為**狹隘**的人類，所以衰老也是她的弱點。

身為女人就得作戲。展現女性氣質就彷彿一齣戲劇，得搭配得體的穿著、裝飾、燈光，以及精心編排的儀態。女孩自小就被訓練要注重外表，到了病態誇張的程度。她們得把自己塑造成外表誘人的物件，這樣的壓力也深深殘害著她們（甚至讓女孩們難以成為優秀的成年人）。女性比男性更常照鏡子。自我審視（而且是頻繁地自我審視）根本就是她們的義務。確實，不自戀的女性就不算是有女人味。而女人若將**大部分**時間都花在打理外表或買東西妝點自己，這個社會也不會覺得她是個**膚淺的白痴**（雖然她就是），反倒會覺得她很正常。其他將大半時間花在工作上或照顧全家人的女性還會投以羨慕眼光。自戀的表現處處可見。女性在晚間總該消失個幾次——無論是餐廳、派對、劇院中場休息、社交場合——只為了檢查外表、看看妝容與髮型有無問題、檢查衣服是否有髒汙、是否太皺或沒有掛好。在公共場合這麼做甚至是可以接受的。在餐廳飯桌上、喝咖啡時，女人會打開一面小鏡子，在丈夫或友人面前毫不尷尬地整理自己的妝容和頭髮。

以上種種行為常被視作正常的女性「虛榮」，但男性這麼做就顯得可笑。而女性之所以比男性更虛榮，是因為女性承受著將外表保養在一定高標準的無情壓力。讓這份壓力更加沉重的是，美貌的標準其實有好幾個。男人是將自己呈現為臉與身材的整體結合。女人就不一樣了——女人會被分為身材與臉，而兩者各有些許不同的品評標準。臉蛋的重點在於美。身材的重點又再分為兩個，這兩點還可能（取決於流行與品味）有些對立：第一，要引人渴望；第二，必須美觀。對男人來說，女性的身材通常比臉蛋更具性吸引力。激起人欲望的特質——如豐腴肉感——未必符合時下流行的美麗標準（比方說，近幾年的廣告總宣傳極瘦的女性身材，認為那種在穿衣時比裸體更引人渴望的身材才是理想）。但女性對外表的注重並非僅為了激起男人欲望。其目的也在於塑造某種形象，以這種更間接喚醒欲望的方式來表達自我價值。女人的價值在於她**展現**自我的方式，這時臉蛋就比身材更為重要了。女性不顧簡單的性吸引力法則，她們沒有將大部分注意力花費在身體上。女性眾所周知的「正常」自戀行為——亦即她們花在照鏡子上的時間——主要是用於打理臉蛋和髮型。

男性「擁有」臉蛋，但女人不只擁有臉蛋，女人就等同於她們的臉蛋。男性與自己臉龐的關係較為順應自然。確實，男人當然會在意面容好不好看。他們也受青春痘之苦，擔心耳朵太大、眼睛太小；他們還討厭禿頭。但男人臉龐的美感自由仍比女性要寬廣得多。男人基本上不必修飾自己的臉蛋，只要保持雙頰乾淨就行了。他能利用大自然提供的妝點，自由選擇要留下巴鬍或唇上鬍、蓄長髮或短髮。但他不必化妝。他應該呈現自己「真實」的樣貌。男人帶著臉而活；這張臉會紀錄他人生各階段的發展。由於男人不必修飾自己的臉，所以他的臉並未與身體分離，而是因身體而完整——只要予人陽剛有活力的印象，就能被判定為有魅力。相比之下，女人的臉與身體可能就是分開的，她不會讓自己的臉順應自然。女人的臉就如畫布，她會在畫布上為自己繪出經修飾、改正的肖像。而創作的其中一條規則，就是臉上**不能**出現她不願示人的東西。她的臉是象徵、是圖示、是旗幟。她整理頭髮的方式、選用的化妝品類型、膚質——以上皆非她「真實」樣貌的標誌，而是在昭告她要他人（尤其是男人）如何看待自己。這些標誌確立了她作為「物件」的地位。

歲月在人臉上刻下變化實屬正常，但女性為此受到的懲罰卻比男性嚴厲得多。早在青春期之初，女孩就會被告誡要保護自己的臉。母親會告訴女兒（但絕對不會這麼告訴兒子）：你哭的時候很難看。不要憂慮、不要花太多時間閱讀。哭泣、皺眉、瞇眼，甚至大笑——這些人類的活動全都是臉上「紋路」的肇因。若是男性以同樣方式使用自己的臉，人們就會覺得這算好事。男人臉上的紋路被當作「性格」的象徵，代表情感上的力量、成熟——這些特質到了男人身上，都遠比在女人身上更受人敬重（能彰顯他們已經「活過」）。就連疤痕也往往不會令人嫌不美觀；它們同樣會為男人的臉龐增添「性格」。但在女人臉上，凡是衰老的痕跡、疤痕、一枚小胎記，必定都會被當作可惜的瑕疵。著實，人們認為男女性格的形成有異。大家相信，女人的性格不是經歷、歲月及行為的結果，而是與生俱來、靜態不變的。女人臉蛋的珍貴之處，在於它不能因她的情緒和體能冒險而改變，不然她就得掩蓋這些經歷的痕跡。理想情況下，這張臉應該是張面具——永恆不變、沒有標記。女星葛麗泰·嘉寶（Greta Garbo）便是女人臉蛋的模範。因女性比男性更容易把自己與臉蛋畫上等號，且理想女性的臉必須「完美無瑕」，所以意外毀容對女性而言似乎就是大災禍。斷鼻、留疤或燒傷對男人來說至多就是遺憾，但對女人來說卻是可怕的心理創傷；毀容在客觀上貶低了她的價值（大家都知道，整形手術的客戶大半是女性）。

兩個性別都渴望擁有理想外表，但男孩與女孩受到的期許卻涉及截然不同的自我道德關係。男孩會被鼓勵**發展**自己的身體，視身體為一種須改善的工具。他們多會以運動來強身健體、培養競爭意識，藉以塑造其陽剛自我；要賦予身體魅力，衣著只是次要。人們並不會特別鼓勵女孩從事任何活動（無論劇烈與否）來鍛鍊身體；體能和耐力幾乎不受重視。女性主要是憑藉服裝等標誌來形塑自我，她們會以此證明自己為增添外在魅力而下足功夫，證明自己在兌現取悅他人的承諾。等到男孩長成男人，他們也許會繼續（尤其是若他們從事久坐的工作）運動或健身一段時間。在大多數情況下，他們並不理會自己的外表，男人已被訓練要多少接納大自然的贈予（年過四十的男人可能為了減肥而重拾運動，但不是為了美容，而是為了健康——富裕國家的中年人普遍擔心心臟病發）。在這個社會，「女性氣質」的一項原則就是注重外表；「男性氣質」則意味著不要對外表太過執著。

這個社會允許男性與自己的身體維持更為肯定的關係。無論是隨意對待還是積極使用，男人都能與身體更「自在」相處。強壯是男性身體的定義。感官上的魅力與實用之間並無衝突。而凡是有吸引力的女體，就得是嬌弱、婀娜的身軀（所以女性才會比男性更擔心體重過重）。女性在運動時總會避免增肌，尤其會避開強化上臂的訓練。要有「女人味」就得具備柔弱的外表。因此理想的女性身軀無法擔下這世界的辛苦勞動，必須時時「受到保護」。女人發展身軀的方式與男人不同。女性在青春期末達到可接受的性狀態之後，再進一步發展大半不會予人負面觀感。人們認為，像一般男性一樣不修邊幅的女性是不負責任的。青年時期也許是女人一輩子最接近理想形象的時刻——苗條身軀、光滑緊緻的肌膚、輕盈的肌肉、優雅的舉止。她們的任務是盡力保住這種形象，能維持得越久越好。進步並不在任務範圍之內。女性照顧自己的身體——避免變得結實、粗糙或肥胖。她們會「保存」身體（現代社會女性的政治觀點常比男性更保守，這或許也是源自於她們與身體極度保守的關係）。

在這個社會裡，女人一生中感到驕傲、願意誠實以對、不顧忌他人眼光成長茁壯的時刻稍縱即逝。一旦青春逝去，女性就註定得為了抵禦年齡的近逼而自我重塑（與保養）。眾人眼中有魅力的女性生理特質比所謂的「男性」特質退化得要早得多。確實，按照正常的生理進程，這類特質很快就會消亡。「女人味」指的是光滑、曲線柔潤、無毛、沒有皺紋、柔軟、沒有肌肉——是極為年輕的樣子；是弱小嬌柔者的樣貌；也正如澳洲作家吉曼．葛里爾（Germaine Greer）所說，是太監的特質。其實這種樣貌在自然生理上只有幾年（青春期末、二十出頭）壽數，於這段期間無須修飾與遮瑕即可擁有。此後女性便以異想天開的目標為己志，意圖與不斷變化的自然進程搏鬥，欲趕上社會施加的女性魅力形象。

比起男性看待衰老的方式，女性與衰老的關係更為親密，只因為「女性」公認的工作之一，就是處心積慮避免自己的臉蛋和身體出現衰老的跡象。在某種程度上，女性的性吸引力也取決於她們抵禦種種自然變化的能力。女性過了青春期末之後，就得照看自己的身體與臉蛋，採取根本的防禦策略堅守陣地。各種瓶瓶罐罐、醫美手術，還有成群的美髮師、按摩師、飲食顧問等專業大軍，全是為了延緩或掩蓋完全正常的生物發展。女人為守住不變的理想外貌，而充滿熱情又墮落地投注大量精力與自然抗衡，意圖抵禦年齡的進程。但這項事業遲早都會崩潰。女性的外表必然會漸漸遠離年輕時的樣子。無論保養霜多麼奢華、無論飲食管控多麼嚴格，都沒人能永遠保證臉上不生皺紋、永保纖纖細腰。懷孕生子也有其代價：身體變得厚實，皮膚亦會鬆弛。人到了二十五歲左右便無法阻止眼周和嘴角出現紋路；自約莫三十歲起，皮膚便漸漸不再緊緻。對女性來說，這種再自然不過的進程卻被視作失敗，令她們顏面盡失，但若是男性出現同等的身體變化，卻無人會發覺有何明顯的不吸引人之處。男性「獲准」顯現老態，不會因此在性愛上受罰。

所以說，女性在年紀漸長時之所以比男性更加痛苦，不單是因為她們比男性更注重外表。男人也注重外表、想要散發魅力。可是由於男人的職責不在展現外貌，而主要是存在和有所作為，所以他們的外貌標準就不那麼嚴苛了。男性的魅力標準比較寬鬆，符合多數男性一生中外在可能有或被視為「自然」的樣貌。但女性外表的標準卻違背自然法則，須付出可觀的心力和時間才勉強稱得上是接近標準。女人必須設法保持美貌。至少她們承受著不能長得醜的沉重社會壓力。女性的運勢好壞比起男性更是仰賴至少「過得去」的外表。男性就無此壓力。男人的好看只是加分作用，而不是維持正常自尊的心理必需品。

女性因衰老而比男性受到更重罰則的背後原因，在於人們對女性其貌不揚的容忍度低於男性（至少在這個文化中是如此）。醜女絕對不只是令人反感。女人的醜陋讓每個人——無分男女——

都略感尷尬。許多在女人臉上算是醜陋的特徵或瑕疵若是換到了男人臉上，就變得可以容忍。我堅持認為，這並非因為人們對男女的審美不同。而是因為女性的美貌標準比男性的高上許多，也窄小得多。

在這個社會，美貌就是女人的事業，是她們被奴役的舞臺。女性之美只有一道標準：保持**女孩的樣貌**。男人的一大優勢，在於我們的文化允許男性享有兩種美的標準：可以像男孩，也能像男人。男孩之美與女孩之美相似。兩者都是一種柔弱之美，只有在生命週期的早期階段才會自然綻放。男人可以開心接受另一種審美標準下的自己——更壯碩、更粗曠、體格更厚實。男人不會因為失去男孩特有的光滑、無皺紋、無毛的肌膚而感傷。因為他只是把一種魅力換成了另一種：男人臉龐黝黑的肌膚，因每日刮鬍而變得粗糙，顯現出情緒的印記與理當因年紀漸長而生的紋路。女性就沒有同等的第二道標準了。女性美的唯一標準註定她們只能擁有無暇肌膚。每條皺紋、每根白髮都是失敗。也難怪沒有男孩會介意成為男人，然而許多女性光是從少女時代成長至年輕女人時，便自認為開始走下坡了，因為所有女性都被訓練成想要維持女孩的樣貌。

我不是在說貌美的年長女性並不存在。但女性的美麗標準不分年紀，全在於她能守住、或模仿年輕的外表至何種程度。至六十多歲還能保有美貌的出眾女性肯定要大大感謝她的基因。衰老的延緩就如好看的外表，往往是家族遺傳。但大自然鮮少賦予能滿足我們文化標準的條件。大多數成功延緩衰老的女性都相當富有，她們有無限閒暇可投注於滋養大自然的贈禮。這些人多半是女演員（換言之，這些高薪專業人士所從事的，正是所有女人自小被教導該從事的業餘活動）。這樣的例子有梅．維斯（Mae West）、黛德麗（Dietrich）、史黛拉．阿德勒（Stella Adler）、朵樂絲．德．里奧（Dolores del Río）等女星，並未挑戰女性美貌與年齡之間的關係法則。她們之所以受人仰慕，正是因為她們**是**達成標準的佼佼者，因為她們成功戰勝了自然（至少在照片裡看來是這樣）。這種由大自然創造的奇跡（加上演藝界和社會特權的推波助瀾），只更加坐實了這條規則，因為這些女性在我們眼中之所以美麗，恰恰在於她們長得不像自己的實際年齡。外表確實像老女人的美麗老女人——也許是個九十歲的女人，像畢卡索一樣，在他的南法莊園戶外被拍下只穿著短褲和涼鞋的樣子——在我們的想像中毫無一席之地，這個社會並不容許。這樣一位女子的形象並不存在。就連梅．維斯等特例也永遠都是在室內拍照，不僅衣著精緻，攝影師也會巧妙打光、從最討喜的角度拍攝。背後的含意就是她們經不起更仔細的審視。老女人穿著浴袍的模樣能夠具有吸引力，或甚至讓人看得順眼——這種事根本匪夷所思。基本上，年長的女人在性方面是倒人胃口的——除非她實際上看起來一點也不老。老女人的身體不同於老男人，人們會認為這樣的身軀再也見不得人、無法給予、無法褪去衣服。充其量只能穿著服裝示人。但眾人還是會感到不安，心想著她若拿下面具、若褪去衣裳，他們又會見到什麼。

所以說，女人穿衣、化妝、染髮、急速節食減肥、做臉部拉提不單是為了吸引人。她們這麼做也是在捍衛自己、抵抗外界對女性的極度否定，一種有時會透出厭惡的否定聲音。老化的雙重標準令女性註定只能走向一種無吸引力又令人厭惡的狀態。而女人一生中最可怕的時刻，就體現在羅丹的雕刻作品《老年》(*Old Age*,又名《老娼婦》[*The Old Courtesan*])上。那是個呈坐姿的赤裸老婦人,可憐兮兮地端詳自己扁塌破敗的身軀。女性的衰老是一種在性愛上漸漸變得不堪的過程,因為老婦人鬆垮的乳房、皺巴巴的脖子、黑斑點點的手、日漸稀疏的白髮、無腰線的軀幹及青筋暴起的雙腿,在人們眼中都是不堪的。試想一下,最嚇人就是這種轉變可能會來得令人措手不及——就如電影《消失的地平線》(*Lost Horizon*)結尾,年輕貌美的女孩被情人帶出香格里拉後,不消幾分鐘就成了乾枯醜陋的老婦。男人便沒有這種同等的惡夢。所以說,男人再怎麼注重自己的外表,都比不上常見於女人的瘋狂執著。當男人跟隨時尚著裝,甚至現在開始使用化妝品時,他們對服飾與化妝的期望並不同於女人。男人使用的面霜、香水、體香劑或髮膠都不屬於偽裝的一部分。男人身為男人,自覺並無必要偽裝自己來抵禦道德上不受認可的衰老跡象,也不必設法戰勝來得過早的性退化或掩飾衰老的不堪。我們的文化可不會像對待女性一樣(除光滑、青春、堅挺、無體味、無瑕疵的女體之外),幾乎不加掩飾地對男性身體表現出厭惡。

其中一種讓女性痛苦不已的態度，就是常人對女性身軀衰老的由衷恐懼。這展露出這個文化對女性根深蒂固的極端害怕，女性常被視作妖魔，這點從神話故事裡的狐狸精、潑婦、蕩婦及女巫等意象可見一斑。長達數世紀的女巫恐懼（期間的獵巫行動是西方歷史上最慘烈的大屠殺之一）也顯現此種恐懼之極端。我們文化中最深刻的審美和情色感受之一，就是「老女人令人反感」。而男女皆有同感（壓迫者往往會否定被壓迫者自己「原有的」審美標準，最後就連被壓迫者也會認定自己**很醜**）。這種厭女的審美觀對女性造成的心理傷害，就好比至今以白為美的社會是如何扭曲了黑人。美國曾於幾年前對黑人兒童進行心理測驗，從結果可知，他們是多早便對白人的審美標準全盤買單。幾乎所有孩子都一致有著「黑人相貌醜陋滑稽、骯髒又野蠻」的幻想。類似的自我憎恨也感染了大多數女性。她們和男性一樣，認為衰老的女性比衰老的男性「更醜陋」。

這種美感禁忌在性愛的態度上就如種族禁忌。在這個社會中，多數人在想像中年婦女與年輕男子做愛時，都會不由自主覺得反感，好比許多白人一想到白人女子與黑人男子上床的畫面，便會本能地猛然一顫。比方說，五十歲男人離開四十五歲的妻子，轉而與二十八歲的女友在一起——無論眾人多麼同情被拋棄的妻子，這種戲碼屢見不鮮，根本稱不上什麼性醜聞。人人倒是都能「體諒」。男人喜歡女孩，年輕女人則往往偏好中年男人，這種事大家心知肚明。但若角色對調就沒人能「理解」了。如是四十五歲女人離開五十歲丈夫投向二十八歲的情人，這在社會和性愛上都是醜事一樁，必定為人不齒。但男比女年長二十歲以上的情侶便無人會反對。瞧瞧螢幕情侶檔喬安妮．德魯（Joanne Dru）和約翰．韋恩（John Wayne）、瑪麗蓮．夢露（Marilyn Monroe）和約瑟夫．考登（Joseph Cotten）、奧黛麗．赫本（Audrey Hepburn）和卡萊．葛倫（Cary Grant）、珍．芳達（Jane Fonda）和伊夫．蒙頓（Yves Montand）、凱瑟琳．丹妮芙（Catherine Deneuve）和馬斯楚安尼（Marcello Mastroianni）；就如現實生活，以上都是絕對合理的天成佳偶。當年齡差距反過來時，人們就會覺得困惑、尷尬，甚至是驚嚇（記得電影《秋葉》[*Autumn Leaves*] 裡的瓊．克勞馥 [Joan Crawford] 和克里夫．羅伯森 [Cliff Robertson] 嗎？但此類型的愛情故事太過聳人聽聞，所以極少出現在電影中，就算有也只會是一段失敗的往日傷心戀曲）。二十歲男孩怎麼會找上四十歲女人？五十歲女人為何會與三十歲男人結婚？常見的說法是，因為這男人是在尋找母親，而非妻子；沒有人相信這種婚姻會持久。若是換作女人，與一個老得能當父親的男人發展性愛和浪漫關係，卻被認為是正常的。男人若愛上一個年紀足以作自己母親的女人，那無論對象多麼風采照人，人們都會覺得這是病態（常見的標籤是「戀母情結」），甚至略為鄙視。

伴侶雙方年齡差距越大，女性承受的偏見就越深。當一眾老男人——如法官道格拉斯（William Douglas）、畫家畢卡索、參議員塞蒙德（Strom Thurmond）、希臘船王歐納西斯（Aristotle Onassis）、演員卓別林（Chaplin）、大提琴家卡薩爾斯（Pablo Casals）——先後娶了小自己三十、四十、五十歲的新娘時，人們會覺得很厲害，也許有些誇張，但仍在情理之中。至於雙方是如何湊在一塊的？大家會豔羨地說那男人肯定有什麼過人之處和魅力。雖然他不帥，但他很有名氣；他的名氣令女人更受他吸引。人們想像，他年輕的妻子肯定是因為敬重年邁丈夫的成就而樂意作他的賢內助。對男人來說，晚婚總是有益於公關宣傳。這更讓人覺得他寶刀未老、不容小瞧；這段婚姻象徵著他活力不減，他的藝術或政商生涯還是會蒸蒸日上。可嫁給年輕男子的年長女性就會受到截然不同的待遇。她雖是打破了嚴厲的禁忌，但她的勇氣也不會得到讚揚。不僅絕不會有人讚嘆她活力充沛，大家大概還會斥責她好掠奪、任性、自私又愛現。但另一方面她也會受人憐憫，因為這段婚姻會被當作她老年昏聵的證據。若她從事傳統職業、經商或任公職，人們的否定很快就會如浪潮般襲來。她在專業上的可信度會下降，因為人們會猜想她年輕的丈夫可能對她有不當影響。她的「可敬度」也必定大打折扣。確實，我想得到的幾個在晚年時膽敢與年輕男子結合的知名女性——英國作家喬治·艾略特（George Eliot）、法國作家科萊特、法國名歌手愛迪·琵雅芙（Édith Piaf），全都屬於充滿創意的藝術家或演藝人員，她們享有社會的特許，可以做出驚人之舉。常人認為，若女人忽視自己已經老去、對年輕男人來說太醜了，那就是醜事一樁。決定女人性感與否的並非她的才能或需求，而是她的外貌和特定的身體條件。女性不該「幹練有才」。老女人和年輕男人結為連理便會顛覆兩性關係的基本法則。也就是說，無論表象上有何種差異，男人都是主導。男人的主張應為首要。女性只能是男性的陪襯，不能與男性平起平坐——更不能占男人的上風。女人得永遠處於「弱勢」地位。

妻子年紀必須小於丈夫的風俗大大強化了女性的「弱勢」地位，因為在任何人際關係裡，長幼總多少象徵著權威順序。當然，法律並無硬性規定。大家之所以遵從慣例，是因為反其道而行會讓人自覺是在做些見不得人的事，或覺得自己品味差勁。每個人都直覺認為，男方年齡大於女方的婚姻才是正確美學，這表示任何女性較年長的婚姻都會讓人心生疑竇或稍嫌不滿足。女性藉著達成特定美學條件而帶來的視覺快感令所有人深深著迷，男性則不受這些條件約束，所以女性才會努力保住青春樣貌，男性則可以自由衰老。從更深層次而言，由於每個人都覺得女性的老態在美學上令人反感，故而老年女性與年輕男子結婚的設想自然亦引人排斥。女性終生屈居弱勢的處境大半就是肇因於這種因循守舊、不加反省的偏好。可品味是不由自主的，喜好的裁決絕不單是憑藉「自然」的。品味的法則鞏固著權力結構。人們對女性衰老的厭惡為這整套壓迫性結構（通常會包裝成體貼女人的假象）打前鋒，讓女性乖乖就範。

女性應有的理想狀態是順從，也就是說不得完全長大。大多數人珍視的典型「女性化」舉止只不過是幼稚、不成熟、軟弱的行為。提出如此有辱人格的低實踐標準本身就構成一種尖銳的壓迫——一種道德上的新殖民主義。但高高在上、打壓著女性的，並不只有鞏固男性主導地位的價值觀。女性也總是受到否定。少有男人會真的**喜歡**女人（雖然他們會與個別女人戀愛），也少有男人在女人身邊會由衷感到舒適自在，原因也許在於男性長久以來一直是她們的壓迫者。這種不適來自於兩性關係間滿溢的虛偽，男人可以愛著因受其主宰而不被尊重的對象。壓迫者總是想像被壓迫者是屬於次等文明或不完整的「人類」，藉此合理化自己享有的特權和暴行。被壓迫者既然遭剝奪了身為普通人的一部分尊嚴，也就呈現出某些「惡魔」的特質。大型群體的壓迫必須根植於心靈深處，藉著部分無意識的恐懼和禁忌、藉著不堪的感受不斷展延更新。所以女人不僅會勾起男人的欲望和喜愛，也會惹得男人嫌棄。女人是被澈底馴化的妖精，但在特定時刻、特定情況下，她們又會變得陌生、不可觸碰。男人感受到的嫌惡在大多時候並不可見，然而在「審美上」最忌諱的女人類型出現時，在女人因衰老而產生自然變化、變得不堪之時，那便是此種嫌惡最坦率、最無節制的時刻。

女性在衰老時所感受到的特有痛苦、困惑及自我欺瞞是最能清楚展露出女性弱點的了。有些女性代表全體女性發起鬥爭，盼能被他人、被自己視為完整的人，而不「僅僅」是被當作女人看待。這些鬥士的其中一個希望，就是讓女性覺察、憤怒地覺察這種令她們如此痛苦的衰老雙標。

我們可以理解女性為何時常會忍不住想謊報年齡。在社會的雙重標準之下，詢問女人的年齡確實是挑釁行為，是一道陷阱題。說謊則是基本的自衛手段，是逃脫陷阱的方法——至少暫時逃得掉。指望過了「特定年齡」的女人精準報出歲數——假設她有機會保住看上去比實際年紀還青春的外貌，無論是因為自然的饋贈，還是高明的人為手段——就像是在指望土地地主承認他出售的房產價值實際上低於買家準備支付的價格一樣。衰老的雙重標準視女性為財產、物品，其價值也會隨著時間的推移而迅速貶值。

女性在年紀漸長時承受的偏見是男性特權的一把重要武器。現下兩性成年人職責的分配不均令男性得以享有女性得不到的年齡自由。男性積極落實老化的雙重標準，因為「男性」角色賦予他們求愛的主動權。男人挑選；女人候選。雖然這種不平等的制度是由男人所操縱，但若沒有女性的默許，這種體制也無法運作。女性以其自滿、痛苦及謊言大力地鞏固此種結構。

女性不只比男性更常謊報年齡，男人也會寬恕女性的謊言，進而確立自己高女性一等的地位。男人若謊報年齡，便會被視作軟弱、「沒有男子氣概」。若換成是女人謊報年齡，這就變成可接受的「女性」作為了。男人對小謊言的通融是他們「賜」給女性的眾多福利之一。女性撒謊就和她們時常約會遲到一樣，都是無傷大雅的舉動。人們不會指望女人誠實、準時或專精於操作及修理器械，也不指望她們生活節儉或是在體能上勇於挑戰自我。人們至多指望她們作個次等成年人，滿懷感恩仰賴男人就是她們的自然狀態。所以女性往往就是這副樣子，因為她們是這麼被養大的。女性只要遵守「女性化」行為的刻板印象，就**無法**表現得像是完全負責任的獨立成年人。

大多數女人都認同衰老的雙重標準對女性表現出的蔑視——甚至到了她們視缺乏自尊為理所當然的地步。女人長久以來已習慣躲在面具、微笑及可愛謊言的保護傘下。她們知道，若失去這道保護，自己就更加無所遁形。但女人在將自己當作女人保護的同時，也是在背叛身為成年人的自己。女人畢生中典型的墮落行為就是否定自己的年齡。種種迷思為女性提供的安全感和特權是以被囚禁為代價、是造就真正壓迫的來源、是讓她們無法由衷快樂的原因。謊報年齡的女人就是象徵性地認可這些迷思。女人每一次謊報年齡都是幫凶，害得自己無法健全發展成人。

女性還有另一種選擇。她們可以追求智慧，而不只是溫良待人；她們可以有才幹練，而不只是從旁輔佐；她們可以追求強壯，而不只是優雅得體；她們可以懷抱屬於自己的志向，而不只是事事考量男人與孩子。她們可以允許自己不感尷尬地自然老去，可以積極違抗因這社會對衰老設有雙重標準而生的慣例。她們可以不必想盡辦法只當個女孩，然後滿懷羞恥邁入中年，最後不堪地成為老婦；她們可以早早蛻變成女人——並持續作個活躍的成年人、盡情享受女性本有能力享有的長久情欲生涯。女人應允許自己的面容顯現她們活過的人生。女人應該誠實以對。

（一九七二年）

The Third World of Women

女性的第三世界

作者備註：下文寫於一九七二年七月，以回應一篇我及其他五位女性（其中有西蒙·波娃與義大利共產黨代表羅珊娜·羅珊達［Rossana Rossanda］）收到的問卷。問卷來自新創的西班牙語政治及文學季刊《自由》的編輯群，《自由》總部設於巴黎，有些微的馬克思主義傾向。文章由西班牙小說家胡安·戈伊蒂索洛（Juan Goytisolo）翻譯，並發表於一九七二年十月號的《自由》雜誌第三期。《自由》的大多數讀者都生活在拉丁美洲，所以我在撰文時也特意寫得清楚明白。雜誌讀者群的性質同樣讓我在作答時得以想當然耳地推斷，我至少也該帶入具有革命性質的社會主義觀點。在目前的美國，強硬的女權主義比他處都更加活躍，其觀點也更為廣泛傳播，但針對根本問題的探討卻往往越來越不清楚，甚至很少提及馬克思主義的分析。然而，由於政治觀點的表述在各地都處於萌芽階段，所以在我看來，這篇文章雖原是為另一批截然不同的受眾所寫，但仍理當於美國發表。

首先我會以幾個段落——就當作開場——來回應一道你沒有提出的概括性問題：**女性解放的鬥爭目前走到哪個階段？**

幾千年來，全世界幾乎每個人都認為，有些人本就比較優越（於是該作為主人），有些人比較低等（於是該作為奴隸），這是人類的「本性」。直到約莫一百五十年前，統治階級才有些人開始質疑奴隸制究竟是不是在順應「本性」。他們也意識到，奴隸之所以具備無可否認的奴性和文化落後的特質，或許是因為他們本就被作為奴隸、被培養成奴隸，這些表徵並非他們應為人奴役的理由。

當今人們對女性解放的支持大約等同於兩世紀以前的奴隸解放運動。正如幾千年來人們不疑有他地接受奴隸制，人類也以「本性」上的不平等為由，來合理化自己長久以來對婦女的壓迫，這星球上的絕大多數人——無論是男是女——仍認定女性具有不同於男性的「本性」，而這種「本性」上的差異使得女性處於次等地位。

都市化國家中受過教育者（尤其是自視自由

主義者或社會主義者），常不承認自己也覺得種種差異使女性處於次等地位。他們辯稱，男女本性不同，但這並不代表男女不平等。這種論點與曾被用於為校園種族隔離法辯護的「隔離但平等」論調一樣不老實。人們為男女指派種種所謂的天生具體差異，由此可見，一種認定女性特質顯然不如男性特質那般為人稱道的價值觀。「男子氣概」指的是有能力、獨立自主、自我控制、有抱負、冒險精神、獨立、理性；「女性氣質」卻被認定為無能力、無助、不理性、被動、無好勝心、乖巧。女性接受的教育是為了長成次等成人，大多數被視作典型的「女性」行為不過是幼稚、奴性、軟弱、不成熟的舉止。也難怪男人不甘心接受女性與他們完全平等。真的是**差異萬歲**！

人們不會指望女人誠實、準時或精於操作及修理器械，也不指望她們會尚簡樸、肌肉發達或勇於挑戰體能，所以凡是具備以上特質的女人都是特例。每個世代都會出現幾個天才女性（或至少是不受約束的古怪女性）為自己爭取到特殊地位。可人們卻認為，歷史上著名的這一小群人——徵氏姊妹[2]、聖女貞德、聖女德蘭[3]、莫平小姐[4]、喬治・艾略特、路易絲・米歇爾[5]、哈莉葉特・杜伯曼[6]、伊莎貝爾・艾伯哈特[7]、瑪里・居禮、羅莎・盧森堡[8]、愛蜜莉亞・艾爾哈特[9]等——之所以能有種種成就，都是因為她們具備女性通常沒有的特質。這些女子因其「陽剛」能量、才智、倔強性格及勇氣而受人稱許。能力不凡及真正獨立

2. 譯註：徵氏姊妹，越南反抗東漢政權的武裝領袖。為越南人的民族英雄，並立廟供奉。
3. 譯註：聖女德蘭（Saint Teresa），十六世紀西班牙天主教會的聖人，推動迦密會（Carmel）改革。
4. 譯註：莫平小姐（Mademoiselle Maupin），十七世紀法國歌劇歌手兼劍客，一生特立獨行，常以男裝示人，男女性情人均有。
5. 譯註：路易絲・米歇爾（Louise Michel），法國無政府主義人士，亦為巴黎公社要員。
6. 譯註：哈莉葉特・杜伯曼（Harriet Tubman），美國社會運動家，曾為逃跑黑奴，後參與廢奴運動，晚年亦致力推廣女性爭取選舉權。
7. 譯註：伊莎貝爾・艾伯哈特（Isabelle Eberhardt），瑞士探險家兼作家。一八九七年搬至阿爾及利亞，扮成男人四處旅行並皈依伊斯蘭。不為法國政府所喜。二十七歲死於暴洪。
8. 譯註：羅莎・盧森堡（Rosa Luxemburg），馬克思主義政治家，出生於波蘭，後移居德國。遭右翼準軍事團體捕捉後凌遲致死。
9. 譯註：愛蜜莉亞・艾爾哈特（Amelia Earhart），美國航空先驅。首位獨自飛越大西洋的航空界女性。於一九三七年嘗試環球飛行，在橫跨太平洋上空時失蹤。

的女子典範並無法動搖女性低人一等的大眾觀念，就好比有教養的羅馬奴隸主在發現（和優待）聰穎過人的奴隸時，未必會懷疑奴隸制是否是順應本性：「本性」論總是在自我確認。凡是不符合這套論點的個體始終會被視為特例，於是刻板印象仍完好無損。

從歷史角度來看，或更確切地說從史前來看，對女性的壓迫必定是來自於特定的實際安排，以保障她們會履行「生育」這項特殊的生物責任。更複雜的女性壓迫形式——心理、政治、經濟、文化——全都能歸結到生物上的勞動分配。然而「女性能生育孩子、男性則否」這件事仍難以證明男女有著根本上的差異，反而僅顯現用來解釋所謂差異的「本性」論據有多麼站不住腳。這種論據將女性的生殖生理狀態轉化為一種畢生職業，再配上與之相襯的狹隘性格和氣質規範。但就算是生理上的「本性」也並非不可改變、並非結果已定。它同樣屬於歷史的一環，並隨著歷史的推進而演變。若男女間的整體差異終究只在於女性應忙於生兒育女，那麼女性履行這項使命的環境早就發生了劇烈改變：若說「本性」一直餵養著女性受奴役的藉口，那麼歷史現在提供的客觀條件正適合在社會和心理上解放女性。因為男女間的生理差異已經越來越不足道。

工業革命提供的物質基礎讓人得以重新審視蓄奴制。隨著人類發明各種比無償勞力產能更高、效率更好的器械，我們也理應為人們解開工作的法定束縛。生態轉折點（壽命延長，加上人口爆炸及自然資源的迅速消耗）已經來臨，如今大多數女性不僅有可能、更有必要擺脫她們的生物責任，只與之維持最低限度的關聯。一旦女性的生育義務縮減至懷孕兩次、一次或完全不生育（畢竟當今出生的孩子幾乎都能活至成年，此為歷史上頭一遭），那麼壓抑女性——認為女性應順從、主內、負責生兒育女——的理由便會瓦解。就好比工業革命驅使人們檢討奴隸制是否為「順應本性」，地球自二十世紀中葉迎來的新生態時代也讓人重新審視至今被視為理所當然的「女性氣質」。「女性氣質」和「男子氣概」都是具有道德缺失又過時的陳腐觀念。在我看來，婦女解放與廢奴一樣都是歷史的必然。而婦女解放也就如廢奴運動，在真正贏得勝利之前，同是一項看似無望的事業；其精神和歷史結果甚至比廢奴更為重大。

不過，縱然社會對婦女的壓迫是多麼落伍過

時，但若無艱苦鬥爭——真正配得上「革命」一詞的鬥爭——女性便無法獲得解放。這場革命必須激進又保守。保守是指革命者不得接納成長無限度（生產力和消費水準不斷提高；無休止地蠶食環境）的意識型態——無論是自稱為資本主義或有志於共產主義的國家，對此種意識型態都是懷抱同樣的熱情。激進則是指它得挑戰並重塑資本和共產國家在根本上都有的專制道德習慣。解放女性是這場新革命過程中最激進的環節。

我不同意眾人公認的現代革命傳統，我認為過去所謂的「女性問題」不僅存在，更獨立於多由政治激進分子提出的議題之外。馬克思、恩格斯、列寧、托洛斯基、盧森堡及葛蘭西（Gramsci）認為，女性受到的壓迫並非獨立的問題，而是一個得由階級鬥爭吸收、最終藉由開創社會主義來解決的問題。這我不同意。事實是，沒有一個聲稱繼承馬克思遺產的政府曾重新考量女性的處境。相反地，每個共產國家在設法改善女性處境時，都僅止於**自由主義式的作為**——像是增加接受教育、工作和離婚的機會——另一邊卻仍任由男性壟斷政治權力，兩性間私底下常見的壓抑關係結構也沒有改變。左翼革命政府上臺後為婦女採取的「激進」行動全都敗得澈底，但這也並不在意料之外。無產階級革命的主要理論家發表了許多主張解放女性的聲明，內容發人深省，卻無人意識到此問題真正之複雜程度。馬克思主義者沒有適當估算性別主義之深度，就好比他們在出手打擊帝國主義時，也未能正確估算種族主義之深度。

現在，就讓我來回答你提出的問題。

1. 對你而言，女性解放的概念有何種意義？

現在我們常聽人說，男性若無法獲得解放，女性解放便無法實現。這句老話在某種程度上是對的。男女的終極目標一樣都是獲得真正的自主權，也就是身處一個不以疏離和壓迫為基礎的社會，並能不受其約束。但這句老話也很危險，因為其中隱含之意否定了女性解放的鬥爭可分為好幾個階段。就如許多自有其道理的陳腔濫調一樣，此話也是在抹去思考空間、平息憤怒；同時鼓勵人們消極應對問題，僅以改良主義的觀點看待之（所以說，瑞典政府雖在複雜的自由資本主義框架下推動婦女平等政策，但「女性解放等同於男性解放」這句官方口號正好顯見其膚淺）。

的確，這個不完美世界裡的每個人類都須被解放——無論是主人或奴隸、壓迫者或被壓迫者。但是，我們無法以單一或放諸四海皆準的方式來構想出、或爭取到一個公正的社會。解放泰國的農民與解放底特律工廠裡的白人工人絕對不一樣。就基本結構而言，女性受到的壓迫也不等同男性受到的壓迫。

雖然那句話聽來合理，但我們不該把男性解放和女性解放當作是可構成一互惠過程的兩個環節。無論男人的心理也多麼受性別刻板印象的摧殘，這類刻板印象確實仍賦予他們無可否認的特權。男性可從事的行為範圍比女性更廣，他們在世界上的流動性也高得多（光想一下，女性在這「世界」上可能去的**大多數**地方是何種情形就好了，獨身的女性經常面臨遭遇強姦或施暴的風險。女性基本上只有待在「家裡」或是受男性保護時才安全）。從最實際的角度而言，男人不必時刻提防遭人擄掠攻擊，光憑這點就能顯示男人肯定比女人過得更好。男性（與女性）是會受到其他男性的壓迫，但全體女性都受到全體男性的壓迫。

「當女性獲得解放時，男性也會獲得解放」，這句陳腔濫調也無恥地忽視男性掌握主導大權的客觀事實——彷彿這種安排其實並非人為、彷彿無人適得其所、彷彿無人從中受益。實際上，情況恰恰相反。男性正因握有主導女性的權力而享盡優勢；而解放女性的代價就是讓男性交出特權。也許在那之後，男性確能從中得益、開心獲得解放——擺脫必須展露「男子氣概」的煩人義務。然而允許壓迫者放下心理負擔畢竟是另一回事，應居於次位才對。鬥爭的首要任務是解放被壓迫者。綜觀歷史，被壓迫者和壓迫者的主張向來無法和諧共存，這回也絕非例外。

所有女性都生活在「帝國主義」的處境下，男性是殖民者，女性則為在地居民。在所謂的第三世界國家裡，女性是處於男性殘酷暴虐的殖民之下。而在經濟發達的國度（無論是資本或共產），女性的處境則屬於新殖民主義：當局已鬆綁對女性的隔離；男性對女性動粗的情況有所減少；男人下放手中的部分權力，男性統治比較沒有那麼張揚慣常。但男女之間仍存在一些基本的尊卑、權力、文化特權與文化不健全之分，所有國家皆然。

凡是真心想解放女性的計畫都必須以一前提

為始：解放不只關乎**平等**（此為「自由主義」之概念）。解放更關乎**權力**。若不削弱男性的權力，女性就無法獲得解放。解放不光是要改變意識與社會結構，以將大半由男性壟斷的權力轉移給女性。權力本身的性質也必須隨之改變，畢竟綜觀歷史，權力本身的定義便離不開性別主義。權力等同於男人所謂的標準天性（他們進取、好勝，他們喜好動手脅迫他人），也等同於純男性群體在戰爭、政府、宗教、體育及商業界中擁有的儀式和特權。把持權力者及權力的本質若無改變，那就不算是解放，只是安撫。膚淺的改變只能平息憤恨，避免其撼動既有權威。而稍微緩解不穩定且過於壓迫的統治——就好比舊帝國改採新殖民主義式的剝削來取代殖民主義——實際上只能令現有的統治形式重生。

若我們提倡男女站在同一戰線以互相解放，那就只是在掩蓋殘酷的現實（現實中的權力關係仍主導著兩性間的所有對話）。女人沒有必要擔下解放男性的義務，她們得先解放自我——亦即探究現下敵意的根源、擱置未來雙方和解的夢想，不受其動搖。女性得改變自己；她們得改變彼此，不要擔心這麼做會對男性有何影響。女性若要真正改變自己的意識，就唯有為自己著想、忘卻怎麼做對男人才有好處。我們若以為可以與男性合作實踐這些變革，那就是在貶低女性掙扎之辛苦程度，令其顯得微不足道。

女性若能改變，就也能逼得男性改變。但要讓男性改變就必定會遇上極大阻力。無一統治階級會毫不掙扎就乖乖交出自己真正的特權。男人可能會讓步，不情願地交給女性更多「公民權」。在當今的大多數國家，女性已能投票、到高等教育機構就學，也可接受專業訓練。她們也會於接下來的二十年內獲得同工同酬，得到自己身體的有效所有權（像是可輕鬆取得避孕用具及墮胎合法化）。但以上種種讓步無論多麼可取，都無法撼動人們視女性為次等公民的基本態度，也無法觸及男性特權的根源。

女性的地位若能大破大立（而不是只有自由主義式的改變），便能破除「自然本性」的魔咒。女性應以破除有關性別身分的**所有**刻板印象——無論是正面或負面——為終極目標。修改在特定情況下（如選舉權、簽訂合約、接受教育和就業方面）歧視女性的法律是不夠的。工作形式、性別慣例、家庭生活觀念也同樣得改變；而語言本身（語言之粗暴體現了人類對婦女的古老偏見）也絕無可能不受影響，因為無論我們的觀念多麼先進，我們每一次開口都是在重申男尊（主動）女卑（被動）。我們在英語文法上常會假定採取動作者為男性。文法——性別主義洗腦的終極舞臺——抹去了女性的存在，唯有在特殊情況下才會出現例外。我們**必須**以「他」（he）來指稱可能為任一性別的對象。「Man」（男人）是指稱全人類的慣用語；「Men」（「男人」一詞的複數）基本上指的就是「人們」。（德國詩人布萊希特 [Bertolt Brecht] 的詩作中有一行與漢娜．鄂蘭 [Hannah Arendt] 一本著作的名稱同為「men in dark times」，意指黑暗時代的人們。鄂蘭在她的高雅大作裡寫下了十個人物，其中有兩名實為女性，其一丹麥作家伊薩克．迪內森 [Isak Dinesen] 是採用男性筆名，另一位羅莎．盧森堡——正如封面文案的靦腆註解——則是「眾人之中最有男子氣概的！」）而用於代指學生、工人、公民、藝術家、公職人員、運動員、工業家等名詞的代名詞都是「他」（he）。當然，語言並非我們將「男人」比作全人類，並將大多數人類活動視為男性限定的偏見根源。語言只不過是表達出歷史上普遍存在的性別主義體系罷了。

婦女運動已讓少數發聲的女性覺察到文法中性別偏見的冒犯之處。我們的重責大任，便是要讓更多人意識到語言中的性別主義；同樣地，大多數人也是直到最近才開始對語言（和藝術）中的種族歧視老調保持警覺。更大體而言，我們應幫助人們醒悟到人類互動各層面——不僅是在法律上，更是在日常生活的細節上——表現出的深刻厭女現象：像是令性別身分兩極分化的禮儀與習俗（衣著、手勢等），還有流通於藝術、新聞及廣告中可能助長性別刻板印象的圖像。女性唯有在不受「本性」桎梏並能開始創造、棲身於另一段歷史之時，前述的固有態度才會改變。

2. 在女性解放的過程中，你認為經濟解放和性解放也同等重要嗎？

在我看來，這個問題正好顯現出「解放」概念本身暗含的弱點。若我們無法更具體定義何謂「女性解放」，那女性解放就只是一個空洞的目標，還會模糊焦點、稀釋掉女性鬥爭的能量。我不敢說經濟解放和性解放是不同類型的解放。但假設答案為是，或至少可以分開來談。若我們無法釐清女性是受到何種束縛，以及為何解放女性，那麼詢問兩種解放是否同等重要並無意義。

「經濟解放」的概念也可能被用來掩蓋真正的議題。一項無可爭議的主要訴求，當然是讓女性在家務之外還能有多樣化的就業管道，並應獲得適當薪酬。女性在心理及文化上之所以發展不全，關鍵原因在於大多數女性無法作自己的「支柱」——無論是經濟層面或心理及文化層面皆然。但光靠創造更多就業機會、靠著成立更多免費的托育機構來為女性保障賺錢的**機會**還不夠。工作絕不能只是一種選擇，不能只用來替代「家庭主婦」和「母親」這種更為常見（又約定俗成）的「職業」，我們更必須預期大多數女性都會進入職場，且無論結婚與否均會如男性一樣經濟獨立。女性若無工作，就永遠無法打破依賴男性的鎖鏈——這是她們完全成長的最低先決條件。已婚女性除非有工作，且薪資待遇與丈夫同等，否則她們根本沒有機會真正掌控自己的人生、掌握改變人生的力量。讓女性惡名昭彰的心理脅迫與和解伎倆——討好、魅力、哄騙、誘惑、眼淚——都只是在以奴性替代真正的影響力與自主權。

然而，女性光是能夠工作也難代表她們已獲得「解放」。如今已有大量女性進入職場，其中也有少數人可賺取足夠保障經濟獨立的薪資；然而，大多數有工作的女性仍一如以往依賴男性。原因在於就業結構本身走的便是性別主義路線。充滿性別主義的勞務分工只是在鞏固、強化女性的被殖民狀態。女性在參與現代工作賺取報酬時並無與男性同樣的立足點。她們於經濟中扮演輔佐、後備的角色。她們在「世間」的工作往往只是複製其「家務」（服務與照顧）形象；她們在人們眼中並不適任重大管理職位。所以說，女性唯有能以相同條件（工資、績效標準、風險承擔）從事如今由男人把持的**所有**活動，擺脫其特有的憨傻、幼稚及僕人形象，才能算是獲得經濟解放。女性的經濟解放至關重要，不僅是有益於個別女性的心理及道德健康。女性在能對經濟作出重大貢獻（不單是作為後備的勞力資源庫，更須有大量女性具備主要的專業及管理技能）之前，便無法發揮政治力量——無法掌控制度機構、無法對社會在往後數十年的變化握有話語權。重申一次：解放即為**權力**，否則解放便幾乎沒有意義。

「性解放」的概念在我看來更不可靠。古老的雙重標準認定女性的性能量與性欲望都比男人要低（並縱容男性的行為，卻懲罰有同樣行為的女性），明顯是個令女性乖乖就定位的方法。但光是要求讓女性享有等同男性的性實驗特權還不夠，因為性的概念本身就是一種用來壓抑的工具。大多數性關係都展現出壓迫女性及延續男性特權的態度。若女性可自由享受的性愛仍唱著視女性為物件的老調，那光是消除女性在性表現上的義務只會是空洞的勝利。大家都能注意到，近來的都市資本主義社會風氣變得越來越「通融」，女性較不會因為在一夫一妻制的婚姻之外展現性欲而受罰。但這種已經「更自由」的性態度多是反映出一種虛假的自由觀念：簡單說，就是每個人都有剝削他人、剝奪別人人性的權利。

若性的規約本身沒有改變，那女性解放只是無意義的目標。這樣的性對女性來說不算解放。更多的性事也不算。

問題是：女性該自由享受**何種**性事？對女性來說，唯一能算是解放的性倫理體系必須挑戰由生殖器定義的異性戀霸權地位。無壓迫的社會——女性在主觀和客觀上都與男性真正平等的社會——必然得是個中性的社會。原因何在？因為要結束對女性的壓迫，唯一可行的條件就是男女分開，但這是不可能的。要結束白人對「有色人種」的壓迫，分離主義確實辦得到。可以想像一下，來自地球各地的不同種族或能同意再次各自獨立生活（各種族的習慣和心態都將受到嚴格保護，不受文化和經濟帝國主義的入侵）。但男性與女性無疑永遠都得共存。因此，若我們想都不用想，分離主義絕非終結性別主義的解答（不像種族主義），那麼捍衛各性別特有的道德和美學「傳統」（以維護某種「文化多元」的價值）、斥衡量智識或理性的單一標準為男性的「文化帝國主義」（以重新確立罕有人了解、受輕視的「女性文化」），便是解放女性鬥爭中的誤導計策。

鬥爭的目標不應該是保護兩性的差異，而是削弱之。要在男女之間創造無壓抑的關係，就是要儘量抹去兩性間傳統的分界線、減緩男女之間因「彼此格格不入／他者特性」（otherness）而生的緊張關係。眾人都能注意到，時下年輕人的衣著、髮型、手勢、品味等方面也明顯出現一種縮小、甚至是混淆性別差異的趨勢。這雖是邁向去除性別兩極分化的第一步，但多少也被資本主義的消費形式吸收成為一種「風格」（中性服飾店的商機），這股趨勢若無法紮根至更深層次，其政治意涵便不會獲得認可。

職場及性關係本身都勢必得漸漸更深度地去除性別兩極分化。隨著「他者」的特性減少，兩性間的部分性魅力能量也會下降。男歡女愛、求偶配對肯定還是會存在。但女性與男性對彼此的**主要**定義不再只是潛在的性伴侶。在無壓抑、無性別主義的社會中，性在某種意義上會發揮比當今更重要的作用——因為性能量會更自然地融入社會互動。同性戀和異性戀同樣都會是受認可與尊重的選擇；兩者均是由自然的雙性戀發展而成（排他同性戀——和排他異性戀一樣為後天習得——在無性別主義的社會中會比現在更不普遍）。然而在此社會中，性在另一種意義上也不會如當今那麼重要，因為人們不會再對性關係汲汲營營，以之來替代真正的自由，或替代被這社會剝奪的其他許多樂趣（親密關係、強烈情感、歸屬感、反叛的快感）。

3. 在你看來，女性解放的鬥爭與階級鬥爭有何種關係？你認為前者必須位居於後者之後嗎？

我幾乎看不到階級鬥爭與解放女性的鬥爭之間目前有何關聯。現代左翼革命政治的雙重故事——國族內的一個階級被另一階級推翻，以及解放帝國掌控下的殖民地人民——基本上無關乎女性身為女性的鬥爭。女性既非階級，也非單一國族。政治立場激進的女性很可能偏好參與現有的抗爭運動，而不是將自己的精力限縮（依她們所見，這麼做是在自限）於女性鬥爭。但她們同時也該明白，這種涵蓋多個議題的革命政治（如議會黨派政治）能給予女性的，頂多只有改良主義式的好處——是形式上「平等」的承諾。

至於哪個鬥爭等級應為優先？我覺得，沒有誰能對此給出放諸四海皆準的答案。鬥爭的先後緩急因民族、國家、歷史時刻而異，在特定的國家內也取決於人的種族和社會階層。就以現下的越南為例，當務之急無疑是爭取民族解放，女性解放則為次要。然而在富裕國家，女性解放便是更迫切的問題——不只是因為這項議題本身很重要，更因為其有助於鼓動民眾發起其他形式的鬥爭（舉例來說，探索女性受壓迫的本質便有助人們理解帝國主義的本質，反之亦然）。

依我所見，女性鬥爭與階級鬥爭（馬克思主義導向的革命運動將之定義為中心鬥爭）兩者關聯的重點如下。要解放女性，我們就得以一場文化革命來打擊眾人的態度和慣有思維，否則人們在重建經濟關係（此為階級鬥爭的目標）時，便很有可能保留原有的態度和思維。可想見，女性的地位很可能幾乎不會受到階級關係變化的影響。因為馬克思和恩格斯都是人文主義者、是繼承啟蒙運動者，所以他們才會譴責女性在資本主義下受到的壓迫。但馬克思及其後繼者的傳統「女性主義」與馬克思主義的分析並無**邏輯上**的連結（我認為，佛洛伊德粗糙的「反女性主義」與精神分析理論的基本概念也無**邏輯上**的連結）。社會主義未必會促成女性解放。然而唯有人稱「社會主義」（因為找不到更好的名字）的社會才**有望**創造讓女性自由的生活方式，使之形成慣例制度。故雖然打造社會主義的鬥爭很難與女性解放的理念劃上等號，但強硬的女性主義者確實與社會主義的革命性運動有利益瓜葛，也有很好的理由成為其盟友（儘管不必明言）——因為她們也有理由與所有右翼革命（或法西斯）運動為敵，畢竟此類運動總是鼓吹強化男性特權與女性的屈從。

4. 家庭主婦的工作無支薪，在勞動市場上也無交易價值。你覺得這是否表示女性為一個獨立存在於其他經濟階級外的階級？你認為父權壓迫是現代社會的主要矛盾還是次要矛盾？[10]

不是。「家務」（被定義為女性的工作）是體力勞動，且無支薪（不同於「世間」的工作），這不代表女性是單獨的經濟階級。女性並不構成一個階級，就像男性也不是。女性與男性一樣都於各階級占一半人數。有錢男性的妻女姊妹參與壓迫窮人；少數婦女也因其階級認同（而非性別身分）壓迫其他婦女。若真得貼上標籤的話，女性也許可算作一個種姓，但這麼說只是類比。我們

10. 譯註：在馬克思主義理論中，「矛盾」(contradiction) 一詞係指社會中各勢力（主要為階級）間的根本衝突或對立。矛盾可引發階級鬥爭，此消彼長，成為社會變革和發展的動力。

絕無法從其他社會分析的詞彙中借到合適的標籤。假定女性構成一個階級就和假定黑人為一階級一樣，兩者都沒有道理。人類被劃分為兩種性別（還有依性別身分而定的「種姓」式關係）及多個種族（還有主要據膚色而分的「種姓」式關係）。一個階級遭另一階級壓迫只是一種形式的壓迫。環繞著兩性構築出的結構（就如環繞著許多種族而生的結構），無法簡化為環繞社會階級而建立的結構——儘管各種壓迫顯然有可能彼此重疊，顯然也時常重疊。

我在此問題中覺察到一種虔誠的希望，彷彿提問者盼能將女性受到的壓迫歸咎於特定的社會形式、特定的階級安排。但我們不能這麼做。若社會主義——至少就目前而言——並非不證自明的解方，那資本主義便也不是不證自明的禍首。女性始終都被視為低人一等，在政治和文化上遭到排擠。女性受到的壓迫構成有組織社會中最基本的壓迫類型。也就是說，女性壓迫為最**古老的**壓迫形式，早先於所有階級、種姓及種族壓迫。這是最原始的等級制形式。

正因如此，我才不知該將「父權壓迫」（以你的話來說）視為何種矛盾，遑論主要或次要。反之，這個社會的結構卻正是以父權壓迫為地基。若能將之消滅，我們便能改造最根深蒂固的友誼和愛情慣例、工作觀、發動戰爭的能力（這點尤其受到性別主義焦慮的滋養）和權力機制。在有組織的社會中，權力的本質是奠基於性別主義的行為模式之上。而權力的定義是以男子氣概為依歸，權力也是由男子氣概來滋養。

現代工業社會固然存有諸多矛盾的結構和意識型態，可是依我所見，若解放女性之鬥爭主要是以煽動、加劇原有的矛盾為導向，那我們就不能指望這場鬥爭會成功；我們的任務與其說是利用矛盾，不如說是要推翻此種最為根深蒂固的結構。女性運動必須批判國家的本質——意即延續了千年的父權暴政，而法西斯國家特有的現代暴政便是悄悄以父權暴政作為藍圖。

我堅持認為，法西斯主義絕不只是出現於戰期歐洲的政治失常狀態，法西斯實為現代國家的常態：所有工業發達的國家政府都想往此方向走。換言之，二十世紀「大眾」社會狀況（和矛盾）所體現的父權國家價值自然會發展為法西斯。一九三〇年代末，英國作家維吉尼亞．吳爾芙（Virginia Woolf）曾寫下一本名為《三幾尼》

（*Three Guineas*）[11] 的優秀小書，她稱解放女性的鬥爭就是與法西斯的抗爭，說得一點也不錯。

5. 人們常會說，現今社會的大多數有薪工作都會導致疏離（alienating）。[12] 就算是這樣，你仍會建議女性從事有薪工作來作為解放自我的方式嗎？

無論大多數有薪工作會如何導致疏離，對女性來說，只要工作能讓她們擺脫持家的義務、擺脫仰人鼻息的命運，有份工作就仍是種解放。不過，有工作當然只是第一步。女性若無法完全平等地參與社會上的工作，就永遠無法獨立自主。女性必須擺脫將她們孤立的工作困境——各式各樣的工作仍持續利用她們自小養成的奴性、僅能從旁輔助、仰人鼻息、不喜冒險的性格。離「家」入「世」工作的女性鮮少能完全為「世界」奉獻心力（也就是有所成就）；工作對於大部分女性來說只是一種賺錢、貼補家用的方式。女性極少進入企業或政壇，在須接受博雅教育的職業中也只占一小部分（教職除外）。除了共產國家外，凡涉及專業、須密切掌控機器或耗體能的工作，或是有受傷風險、須冒險的工作都拒女性於門外，女性也不能從事直接與男性競爭（而非支持男性）的事業。女性的大多數就業機會不僅薪資較低，更多有一面阻擋她們晉升的低矮天花板；連主動作為和作決策這種普通願望也少有管道能滿足她們。而種種偏見導致的結果，就是資本主義國家女性的所有傑出成就幾乎都是自發完成（而非社會對她們有何期待），因為女性若偏離了刻板印象中「女性應有的」順從、不理性性格，便會招來少有女性能夠招架的反彈聲音（因此，以「野心勃勃」、「強硬」或「有智識」來形容女性是帶有貶義的；女性若是作出男性做來便屬正常、或甚至值得嘉許的侵略行為，就會被稱之為「閹割」）。

儘管現代社會幾乎所有工作都能被冠上「異化」一詞，但令我印象更深刻的是女性遭受的雙重

11. 譯註：「幾尼」為英國舊時貨幣，價值 1.05 英鎊，為當時上層階級交易時常使用的面額

12. 譯註：在馬克思理論中，alienating（疏離；異化）係用於描述人在勞動過程中失去主體（與自己的生產活動、勞動目標、生產過程分離）的現象。

異化，她們就連男性能從工作中獲得的有限滿足感也不得其門而入。現下的職場環境還有諸多尚待女性爭取的好處。她們可習得更有利於照顧、打理自己的技能。她們在每份工作、職業裡都能爭取到相應的鬥爭舞臺，並能站上舞臺提出解放自己的訴求。

這些訴求必須跳脫「平等」，因為在允許婦女從業的工作環境裡，人人都有機會平起平坐。遠比同工同酬（雖然世界上還無一國家能達成這項最低的「自由」標準，中國也一樣）更重要的，卻是打破職場的性別刻板印象結構。女性必須成為外科醫生、農學家、律師、技師、軍人、電器技師、太空人、工廠主管、管弦樂隊指揮、音響工程師、西洋棋手、建築工人、飛行員——數量也得多得足以讓她們的蹤影再也不足為奇（可等到先前由男性壟斷的工作變成多由女性把持，比方說蘇聯的醫療業，挑戰性別刻板印象的力道就會大減。結果就是，原屬於「男性」角色的醫生職務成為了「女性」專屬）。

只要職場上的性別隔離體系還存在，大多數人——無論是男是女——便會繼續為隔離體系辯解，堅持以為女性本就缺乏許多工作必要的體能、理性判斷力或自控情緒的能力。隨著此種體系瓦解，女性也會變得更有能力。等到人們不再只是容忍女性出現於目前被禁止的工作上，更能**指望**她們勝任這些工作時，職場上便真的會出現大量有此能耐的女性。

等到職場上的性別隔離澈底消失，女性便會更有資格與男同事一起質疑現下環境的基本規約。我們有必要整頓現代社會職場的官僚作風，提供更民主、更分權的規劃與決策方式，最重要的是還得挑戰「生產」（和消費）的理想準則。富裕國家的經濟是依照劃分好的性別界線來運作：男性被定義為「生產者」和工具使用者，女性（和青少年）則主要是作為「消費者」。若無法顛覆此區別，那麼光憑完全允許女性參與男性所做的工作，只會使心理上受疏遠的「生產者」大軍增加一倍，繼續讓他們捲入無限製造商品（和垃圾）的生態自殺運動。

人們勢必將重新審視工作，而這項任務很可能會交由現存的菁英負責，男性也大概會不經女性同意便作出關鍵決定。接下來二十年，人們雖然將重建原本的工作結構（多種工作的需求**大減**也會有所影響），但性別主義體系還是可能完好無損——將女性桎梏於仰人鼻息、被動的輔佐角色裡。女性唯有現在便帶著強硬的女性主義意識進入職場（即使工作場域仍會造成「異化」），才有機會避免這種情況發生。

6. 你對女性解放的鬥爭有何種展望？這場鬥爭（一）應加入革命／政治組織的框架內，還是（二）專心致力於女性運動？

每每有哪個激進的政治組織（尤其是像黑豹黨［Black Panthers］這種原本出了名帶有性別主義的組織）支持女性事業，都是好消息。但我對這種支持的長期效益並不樂觀。此種盟友關係實際上並不如表面看來那樣自然。革命鬥爭確實常會讓女性一同參與推動歷史，並以快速、激烈的手段推翻性別刻板印象。想想在巴黎公社、俄國革命、二戰期間法國和義大利的抵抗勢力、以色列建國鬥爭、古巴革命、越南三十年解放戰爭、巴勒斯坦游擊運動、拉丁美洲城市游擊運動中女性的所作所為（獲「允許」的所作所為）——然後將之與武裝鬥爭開始前，女性於前述社會中獲准許的作為（人們眼中她們有能力做的事情）比較看看。但這種權利只是暫時的。鬥爭結束後，無論成敗，女性必然都會迅速退場，受敦促回到她們傳統、被動、無關歷史的崗位（她們的參與之後也會遭史學家及意識型態學者忽視或抹去。以法國為例，該國至今竟仍對抵抗運動中的無數女戰士和烈士閉口不談。就算有誰開口講述她們的事跡，敘事者也只會以女性來陪襯男性的領導形象，好比最近推出的中國電影《紅色娘子軍》，該片表面旨在表揚一九三〇年代毛澤東軍中的女兵，性別主義卻明顯濃厚）。

政治激進分子似乎只有在起而造反、參與「人民戰爭」、游擊鬥爭或地下抵抗運動以打擊外國占領勢力時，才容易澈底破除性別刻板印象（即便只是暫時）。若軍情並不吃緊，女性在激進政治組織中受到的待遇其實絕非值得仿效之楷模。即便他們的觀點常被標榜為「女性主義」，但幾乎所有激進組織（無論是掌權者還是非掌權者）的內部文化——從官方共產黨到一九六〇年代開始出頭的新左派和半無政府主義團體——都不加批判地寬恕、助長各種現有的性別主義「積習」。

所以說，女性主義現有的浪潮實是誕生自

一九六〇年代美國最大型的激進學生組織。裡頭的女性痛苦地意識到自己只被當作次等社員。會議中沒有人會用同等的認真態度聆聽女生發言；被要求（或自願）作會議紀錄、離開會議現場到廚房煮咖啡的永遠是女社員。上街示威時，男性戰友經常在警察暴力鎮壓之下俠義保護她們，但這群女生卻也永遠無法擔任領導職位。可以肯定的是，激進組織之所以會稍稍收斂其跋扈的性別主義態度（至少在美國），正是因為有這些女性的抗議。她們起初只是受嘲弄的孤立少數，但這也預示著許多女性的抬頭——這種已來到新高度的意識始於美國，現在正姍姍來遲（雖然是更溫和、更拘謹地）傳播到了西歐。一九七〇年代，無論是意圖解放自我的女性還是其他女性，都能找到比以往更多的激進男性盟友。可是在現有的革命組織內奮戰還不夠。目前，這麼做甚至還不是重點。

我覺得，從現在至未來一段時間，女性運動仍須扮演主角。無論現在有多少激進的男性可作為盟友（他們的數量也沒有**那麼多**），女性還是得自行擔下主要的鬥爭責任。各階級、職業、社群的女性都必須團結起來，維持及鼓勵各層級的抗爭與新興意識（舉例來說：全由女性組成的職業團體，成員為專治女性患者的醫生，或是只接待女性客戶的律師和會計師；團員全為女性的搖滾樂隊、農場、電影製片小組、小型企業等等）。在政壇上，女性唯有自行組成團體、自行帶頭，才能發出強硬的聲音——就以黑人為例，只要讓綜合組織代為發聲（意思是由教養良好、仁慈自由的白人代為出手），就無法讓他們發揮真正的政治戰力。政治行動的目的之一就是要教育發起行動者。在現下女性政治發展不全的情況下，與男性合作（就算是態度支持的男性也一樣）會減緩女性學習成熟參與政治的過程。

女性首先得學會彼此溝通。就如黑人（和其他殖民地人民），女性也難以動員組織、不輕易互相尊重和認真對待彼此。她們已太習慣男人的領導、支持和認同，所以才更有必要學會組織自己參與政治，同時努力伸手觸及其他女性。就算犯了什麼錯誤，至少也是她們自己的錯誤。

更大體而言：那些支持女性與男性合作、一同努力爭取解放者，實則是在默默否定現實中女性受壓迫的處境。此種政策令所有代表女性的鬥爭只能溫吞進行，最終還能拉攏安撫之。這都是為了要預防任何「激進」行為、確保女性意識不會發生深刻改變。至於結合各界的行動，與男性共進退勢必會限制女性「激進」思考的自由。女性若想成功解放自我，就得深度改造自己的意識，而唯一的出路便是自行組織。唯有直面挑戰才能改變意識，妥協是不可能的。

所以說，有些活動只有全為女性的團體才能（或者說願意）實踐。唯有全由女性組成的團體才能制定觀點足夠多元的戰術、立場足夠「極端」。女性應四處遊說、上街示威遊行。她們應參加空手道課程。她們應上街對男人吹口哨、突襲美容院、揪出製造性別主義玩具的玩具製造商、讓更多女同志的態度強硬起來、自行經營免費的精神科和墮胎診所、提供重女性權益的離婚諮詢服務、設立化妝戒斷中心、從母姓、毀壞有辱女性的廣告牌、打斷公共活動，大聲向男性名流政要的溫順妻子致意、呼籲女性放棄贍養費和不再咯咯陪笑、對熱門「女性雜誌」提起誹謗訴訟、動員大家以電話騷擾與女患者發生性關係的精神科男醫師、舉辦男性選美比賽、為所有公職推舉女性主義人選。雖然上述行動全都非屬必要，但「極端主義」之舉仍自有其珍貴之處，因為它們有助於喚醒女性的自身意識。此外，不管民眾聲稱自己對此類行為有多麼震驚或反感，行動背後的論調都**確實**能對沉默的多數產生正面影響。此種街頭游擊式的戲碼即使只有少數人參演，卻也能迫使數百萬人警覺到至今仍罕有人覺察的性別主義態度，也讓他們知道此態度至少絕非理所當然（我也不排除真正打場游擊戰的效果）。

強硬的團體不必害怕有人會搬出性別主義的老套說詞（像是說女性是情緒化的動物，無法以超然客觀的態度處事）而打退堂鼓，她們必須做出確實有違女性刻板印象的行為。人們常會勸導女性應表現得「有尊嚴」、保持迷人端莊，這樣運動才會更有成效和影響力，但這只是坐實了女性對政治的消極態度。女人應對這種佯裝成良心建議的恐嚇表示不屑。女性倒是得顯得粗魯、尖刻，還有——按照性別主義的標準——「沒有魅力」才會更有政治影響力。遭人嘲笑是必然，但女性絕不能只是隱忍吞聲。她們對嘲諷其實更應該張開雙臂歡迎。只要有人稱她們的行為「荒謬」、斥她們的訴求「誇張」和「不合理」，強悍的女性便能自知是走在正確的道路上。

7. 那麼在這種情況下的長期及短期目標為何？

重點區別並不在於短期及長期目標之間，而是正如我先前所說，區別在於目標係為改良主義式（或說自由主義）還是大破大立式。從選舉權開始，女性所追求的目標大多是改良主義式的。

讓我舉個例子來說明差異。要求女性獲得同工同酬是改良主義式；要求婦女可獲得就任所有工作及職業的管道，毫無例外，則屬於大破大立式。同工同酬的訴求並無法打擊性別刻板印象。若女性從事與男性相同的工作，並享有與男性相等的工資，這只算是建立形式上的平等。唯有等到各行各業的就業者有大約一半是女性時，等到男女可完全共享所有形式的就業和公共責任時，性別刻板印象才會終結——在這之前都不算。

我重申這種差異並非要否定改良主義式的成果。這些成果當然非常值得我們為之奮鬥——畢竟這些訴求對多數人來說早已過於「激進」。改良主義式的訴求大多還遠遠未獲滿足。在滿足此類訴求的緩慢進程中，共產國家明顯進度領先。隨後則是具新教背景的資本主義國家，尤其是瑞典、丹麥、英國、荷蘭、美國、加拿大及紐西蘭，儘管就公共政策的「自由」啟蒙程度而言，他們仍屬落後。而遠遠落在後頭的則是以天主教文化為基礎的國家，像是法國、義大利、西班牙、葡萄牙、墨西哥及中南美洲國家。在前述國家中，已婚婦女若無丈夫簽名便不能購置財產；離婚權（墮胎的合法性就更別提了）也還存在激烈爭議。而又遠遠落後於拉丁國家、幾乎已到視線之外的，則是以穆斯林文化為主的國家，其女性仍處於社會邊緣，受到極其嚴格的隔離、經濟剝削和性監視……。

儘管女性處境的改善存在文化上的不平衡，但我預測，大多數國家至本世紀末將會滿足大多數改良主義式的訴求。我的重點是，鬥爭屆時才剛剛開始。即便滿足這些訴求，所有女性的二等公民處境、社會對她們的壓迫與居高臨下的態度仍可能完好無缺。女性必須感受，並學習表達自己的憤怒。

女性必須開始提出具體訴求——先是自我要求，後再對男性提出訴求。首先，女性可以採取一些象徵行動（比如結婚時不改姓氏）來表明她們接受自己的完整成年身分。女性也能擺脫對自身外表的執著，拒絕讓此種束縛物化自己（若能放棄化妝及美容院令人寬慰的照護服務，她們也是在象徵性地放棄自戀與虛榮這兩種被視作女性常態、有辱女性人格的特質）。女性能夠拒絕男性獻殷勤，因為那突顯了她們低人一等的地位，還將女性之柔弱視作一種誘惑。女性應不時為男人點菸、提行李箱、修理漏氣的輪胎。即便是微小動作也有其價值，只要女性能藉此展現自己不顧既定「女性」角色的態度，便有助於教育女性與男性。這些動作是必要的前奏，此後女性才會認真思考何種制度框架才有益於她們爭取自由。在採用此種思維的同時，女性也必須建立由女性經營、為女性服務的實驗機構——共生空間、集體工作空間、學校、托兒所、醫療中心——這麼做便能體現女性的團結、她們日益政治化的意識，並能制定實質策略來智取既有的性別刻板印象體系。

女性的解放既有短期也有長期政治意義。「改變女性地位」本身不單是政治目標，更是在為澈底改造意識和社會結構——這才是我所理解的革命社會主義——作準備（也是其一部分）。女性解放不僅不該等待此種社會主義的到來，女性解放更是刻不容緩。

我認為，女性主義若無法率先取得重大勝利，社會主義就無法成功。女性解放是打造公正社會的必要準備——而非如馬克思主義者口口聲聲說的，先有社會主義後有女性解放。因為若兩者順序真的對調，女性大概便會自覺女性解放只是一場騙局。若我們沒有先單獨發起激烈的女性運動，便按革命性社會主義的概念改造社會，那麼女性就會發現，這社會只不過是把一套道德倫理霸權換成了另一套來壓迫她們。

8. 您認為家庭是女性解放的阻礙嗎？

現代「核心家庭」的運作當然是在壓迫女性。想想看家庭在過去是何種型態，今天在「歐洲」類型的社會之外又是何種型態，實在令人難感寬慰。幾乎**所有**已知的家庭型態都視女性為男性的附屬——將她們留在「家」內，同時卻讓男性獨掌公共權力、在家外組成全為男性的團體。綜觀人類的生活史，家庭是第一所教導性別歧視的學校，也是在心理上最無可反駁的學校。人類正是全面以截然不同的方式對待年紀尚幼的女孩與男孩（穿衣、說話語氣、讚美、懲罰），進而將依賴和自戀的規約灌輸到女孩心中。孩子們在成長過程中也會以父母為榜樣發展出對自己不同的期待：女性和男性對家庭生活的承諾有著根本不同的風貌。

家庭這個機構的打造就是以剝削女性為基礎，以女性作為家庭空間裡的全職居民。所以對女性來說，工作至少能減緩部分壓迫。若能有份支薪的工作，任何工作都好，女性就不會只是家庭動物。但她可能還會是個兼職的家庭動物，持續受到剝削，近乎全職地擔下家務。已能自由入「世」的女性在下班後還得負責採買、煮飯、打掃、顧小孩，工作量直接翻倍。這在資本及共產國家都是幾乎所有職業已婚女性的難題（雙重義務對女性的壓迫在蘇聯尤為極端，因為女性的就業機會比美國等國家更多元；消費社會的生活型態才剛起頭；國家幾乎沒有設置任何「公共服務」設施）。就算妻子與丈夫的工作都同樣體面或辛苦，等到兩人都下班回家時，丈夫似乎就能理所當然地休息，妻子也通常仍自發地準備晚餐，用餐後負責收拾。即使進入勞動市場的女性人數不斷增加，女性的工作若仍不挑戰「女性」角色的陳規，這種剝削就會持續下去。

由於女性從事的大多數工作在觀感上都符合

其「女性」才幹，所以對大多數男性和女性而言，「女性的工作」與傳統上女性應於家中從事的「女性」技藝（助理、護士、廚師）之間並無矛盾。唯有等到各行各業都充滿許多女性之時，人們才不會理所當然地認為丈夫應將全部（或大半）家務交由妻子負責。以下兩個訴求雖看來相當不同，但應一併提出：一是就業領域不應由性別身分定義，二是男人也應分擔傳統的「女性」家務。兩項訴求都遭逢激烈反對。兩項訴求都讓男人覺得尷尬又備受威脅（雖然近來第一項比第二項較讓他們少感不適）——這證明了家庭生活的「文法」（就像語言本身）是性別主義成見最頑強的堡壘。

要以不壓迫女性的前題安排家庭生活，男性就得參與所有家事（而我們也能期望女性會有大量時間來處理無關家庭的「外」務）。但這項解方不僅是要調整男性的參與程度（理想上他們應公平分擔所有家庭義務與責任），人們更應該重新詮釋這些活動。家庭不必只做個所有活動都只在內部完成的「封閉分子」。人們在公共空間中或能更有效率、更愉快地履行諸多家務，就如前現代社會的做法。家家戶戶都聘請（若負擔得起）私人褓母或女傭——受雇來分擔或接管妻子無薪、默認僕人角色的自由業女性——並無真正的益處。同理，讓各戶人家都擁有自己的洗衣機、汽車、洗碗機、電視機等一樣並無道理（除非是出於自私和恐懼）。雖然除了富豪之外，私有人工（主要是女性）的家政服務正在消失，但隨著國家從前現代經濟轉向工業化和消費主義，私人機械服務卻大為增加。「個別」家庭都會雇用的大多數新興技工及服務可謂消費社會的主要信仰，但這些服務大可以作為多個家戶群體的共享資產，從而減少不必要的重複勞動；減少競爭、貪婪；減少浪費。家務民主化是改變妻子與丈夫、母親與父親角色壓迫陳規的必要步驟之一。這麼做還會有助於打破所有現代工業社會在各個小家庭之間築起的隔牆，讓家家戶戶不必再受此心理壓力的摧殘。

現代的「核心」家庭是一場心理和道德災難。它是性壓抑的監獄、是道德雙標的場所、是陳列占有欲的博物館、是專事生產罪惡感的工廠、是教導自私的學校。可儘管現代家庭的成員在焦慮和積累的殺意憤恨中付出可怕代價，但現代家庭確實也讓人們能享受些許正面體驗。尤其是在當今的資本主義社會，正如英國學者朱麗葉．米切爾（Juliet Mitchell）所言，家庭往往也是唯一仍讓近似非異化的人際關係（溫暖、信任、對話、無競爭關係、忠誠、自發、性快感、樂趣）得以存在之處。資本主義社會將工作和所有公共紐帶推逼至極端異化，而這種社會形式以家庭的神聖性作為口號之一絕非偶然（雖然從未有人明言，但此家庭指的是父權制的「核心」家庭）。雖然工業城市社會摧毀了種種「人性」價值，卻也必須設法將之保存，而留住此種價值的正是家庭生活。

資本主義（還有其表親：俄式的共產主義）要想生存，也就是說——要從公民身上榨取最大生產力和消費欲望，就必須繼續節制地餵予無異化的價值觀。所以他們才於「家庭」此機構中賦予這些價值觀一種無害於經濟與政治的特權或保護。這就是現代核心家庭形式背後的意識型態祕密：每家戶的成員數量太少、組成太單純精簡、居住空間太有限（三或四房的城市公寓為典型），難以自成可存活的經濟單位，也難以與政治上的權力來源有所瓜葛。住宅已於現代早期失去其作為祭壇和儀式場所的古老功能；「教堂」漸漸壟斷宗教活動，家庭成員也是以**個體的身分**出門禮拜。自十八世紀晚期起，中央集權的民族國家開始經營「公立學校」，每戶的孩子都有法律義務**各自**就學，家庭被迫將其教育（或不教育）子女的權利讓渡給政府。核心家庭（又稱基本家庭）是無用的家庭，是城市工業社會的理想發明。其作用就是無用，只作個避風港即可。家庭的種種經濟、宗教及教育功能都被剝奪，只能在酷寒的世界中供應溫情。

對家庭的頌揚不僅是極端虛偽的表現，更揭示資本主義社會的意識型態和運作法則中存有之重大結構性矛盾。現代家庭的意識型態功能是操縱性的——更準確地說，是自我操縱。但這並不表示我們就能將家庭生活一概視為欺詐。核心家庭確實也蘊含真誠的價值觀。的確，若無當今盛行的那種粗劣家庭生活形式，人類生活便會比現在更疏遠。但這種策略不會無限期奏效。家庭生活應守住的價值觀，與工業大眾社會整體所提倡的價值之間彼此衝突，這種矛盾終究是站不住腳的。家庭為證明其現代形式有其道理而獲派這項任務，但他們的表現其實越來越差。家庭在工業社會裡作為倫理博物館的功能正在退化；就連那裡的「人性」價值也在漸漸流失。工業大眾社會將非異化的價值儲存在安全之處，一個（在定義上）無關政治的機構。但無一處是安全的。「外」界的酸蝕力如此強烈，讓家庭越來越受到社會的毒害與汙染——比方說，家家戶戶客廳裡電視機傳出的單調統一聲響便是社會的侵擾之一。

若因家庭具有專制性質而主張「摧毀」之，那便是一種輕率濫調。縱觀歷史，家庭生活的弊端並不在其專制，而是因為這種權威本身是建立在主從關係之上。丈夫「擁有」妻子；父母「擁有」孩子（這僅是女性和兒童在地位上的眾多相似處之一。所以說，在漸沉的船隻上，被**定義**為成年人、且因此有能力對自己身體負責的「那個性別」才會英勇迫使「婦女和兒童優先」離開。西班牙的已婚婦女如未經丈夫書面許可，便不得工作、開立銀行帳戶、申請護照或簽署合約——就像孩子一樣。女性與兒童的地位在本質上同屬未成年人；她們是丈夫的被監護人，就如孩子也是父母的被監護人）。即便是自由北歐及北美形式的現代核心家庭也仍將女性和兒童視為財產，只是沒有那麼明目張膽而已。

以所有權為基礎的家庭才是我們該針對的目標：人不應被視作財產；成年人不該被視作未成年人。但特定形式的權威在家庭生活中還是有其道理。問題在於那是何種權威，而該權威的性質又視其合法基礎而定。要解放女性，家庭便須重組；方法便是從家庭的權威安排中減去一項主要的合法基礎：男性凌駕於女性之上的權威。雖然家庭是女性壓迫最初現蹤的機構，但消除這種壓迫並不會解散家庭。無性別主義的家庭也不會失去**任何**合法權威的概念。當家庭的組成不再是男尊女卑的階級制時，它們還是會具備某些長幼有序的特徵。無性別歧視的家庭儘管是「開放的」，卻也不會全無架構。

正因為家庭是種特殊機構——是現代社會唯一還堅持定義為「私人」的機構，所以重組家庭是個極需小心處理的工程，較不適合比照其他機構事先規劃準備變革（比方說，該怎麼做才能去除校園性別主義，同時削減其他方面的專制舉措？方法就清楚得多）。家庭生活的重建必須作為社區重建的一環，在過程中打造規模仍屬小型的新社區形式。女性運動在此尤其能派上用場，我們可將另類機構引入當今社會的脈絡，帶頭開發實踐群體生活的嶄新方式。

無論如何，我們都不可能以法規改變家庭。特定形式的家庭生活無疑仍會延續下去。我們嚮往的並非摧毀家庭，而是消滅「家」與「世界」之間的對立（在資本主義國家尤其根深蒂固）。這種腐朽的對立壓迫著女性（和兒童），扼殺、榨乾了原可作為新社會地基的社群主義感情（兄弟與姊妹之情）。

9. 在女性鬥爭的種種目標中，你會將自由墮胎權置於何種地位？

墮胎合法化屬於改良主義式的訴求，就像是消除大眾對未婚媽媽和所謂非婚生子女的偏見，還有為職場媽媽設立免費的托兒所等舉措一樣，所以我對這訴求存有疑竇。從歷史案例可知，若女性只讓憤怒化身為緊迫的改良主義式訴求，那這股憤怒就能太過輕易地被化解（就好比第一次世界大戰後，女性終於獲得投票權時，英美兩國為爭取選舉權而組織的運動便洩了氣）。此種改革往往先是限縮戰力，而後猛然將戰力卸去。此種改革也可說是在藉由改善壓迫制度的一些難處，而直接使之壯大。儘管人們對墮胎訴求懷抱滿腔熱血（尤其是在拉丁美洲），但我們更能合理推斷，墮胎權——就如離婚權以及能用低廉價格合法購買避孕藥具之權利——將會助長現行的婚姻及家庭制度。這樣一來，此種改革便實際上是在鞏固男性的權力，間接應許了社會早就習以為常、剝削女性的放縱性行為。

話雖如此，幾億名女性（除富人和特權階級之外的所有女性）確實都迫切需要這種具體的改革。只要女性運動中存在正確的理論意識，改善她們的處境便能拋磚引玉，帶出其他訴求。為這類政治分量如此有限又引人疑慮的目標而奮鬥能有多少價值？這大半要取決於鬥爭所在的環境脈絡。一般而言，鬥爭越困難，將其帶入政治意識的機會就越高。所以說，在義大利或阿根廷發起爭取避孕和墮胎合法化的運動，會比在挪威或澳洲具有更大的政治意義。儘管墮胎權在人道和生態方面具有極大吸引力，但其本身根本沒有嚴肅的政治意涵。然而，若此訴求能繼續帶動連串的訴求與行動，進而令女性意識抬頭，令尚未深思自身受壓迫處境的大量女性也展開行動，那這就是一項可貴的訴求。爭取到以上任一項權利都不會改變女性的處境。比方說，離婚在西班牙是幾乎不可能的，在墨西哥卻很容易，但這並不表示墨西哥婦女的處境就比西班牙好上許多。可是，人們為了爭取這些權利而發起的鬥爭卻可能會是重大一步，好為更深刻的鬥爭奠定基礎。

10. 就你的經驗而言，像你這樣自由解放的女性，男性是對你抱持何種態度？

我絕不會說自己是個自由解放的女性。當然，事情永遠不可能**那麼**簡單。但我一直都是個女性主義者。

我五歲時，曾夢想著要成為生物化學家和贏得諾貝爾獎（那時我才剛讀完居禮夫人的傳記）。我對化學的夢想堅持到了十歲，那時我決定改當醫生。到了十五歲，我便知道自己是當作家的料。也就是說：我從一開始就沒有想過，自己與生俱來的女性身分可能會是我在「世界」闖蕩的阻力。我病弱的童年有大半時間不是在閱讀，就是窩在空蕩車庫裡的化學實驗室中，加上我是在美國非常偏僻的地方長大，家庭生活可謂微乎其微，也許正是因為這樣，我對阻力的存在才懵懂無知。我十五歲便離家去上大學，後來也從事過各種職業，我在職涯中與男人有過的接觸，在我看來都屬親切平和，只有一些例外。所以我還是以為一切安好。我十七歲結婚時沿用了自己的名字，到那時我仍舊不知道自己就是女性主義者，這種觀點在當時太不流行了；七年後，我與丈夫離婚，又在盛怒下拒絕了律師理所當然會提出的贍養費提議，儘管那時我身無分文、無家無業，還有一個六歲的孩子要養，但對我來說，這似乎還是我出於「個人」原則而做出的選擇。

我遇到的人不時就會提到獨立女性會面臨的難處；我以前總是很驚訝——有時甚至覺得煩人，因為我覺得這些人太遲鈍了。我就沒有這種問題，不過我偶爾會從其他女性身上感受到妒忌與怨氣——她們都是我男同事們的妻子，那些受過教育卻沒有工作、被家庭綁住的太太。我很清楚自己是個例外，但我以前從不覺得當個例外有什麼難的；我只覺得這是自己應得的優勢。但我現在明白了。

我的情況並不罕見。在一個絕大多數女性都**未獲**解放的自由社會中，「自由解放」的女性卻能活得輕鬆（真是不好意思），這其實沒有那麼奇怪。只要有一定天賦，再加上某種開朗或堅決的自在從容，人甚至可以擺脫（就像我）最初的障礙和嘲笑——那種可能會令堅持自主的女人難堪的障礙和嘲笑。對這種女人來說，要獨立生活看來並沒有那麼困難；她甚至有機會因其女性身分而享有些許職業優勢，比如說更高的知名度。就拿仍存在種族主義的自由社會來比喻，她的好運就如同少數黑人的好運。每個提倡自由的團體（無論是政治、職業或藝術界）都需要有個女性作為象徵。

這五年來，我托女性運動的福也學到該如何從某種**政治**視角看待自身經驗。我的好運真的無關緊要，它能證明什麼？什麼都證明不了。

任何「自由解放」的女性若只是沾沾自喜享用自己的特權地位，那她就是壓迫其他女性的幫凶。大多數從業於藝術、科學、博雅職業和政治界的女性都是這樣，我予以譴責。

大多數成功女性的厭女態度經常讓我吃驚。她們等不及暢談自己覺得其他女人有多愚蠢、無聊、膚淺、討厭，還有她們是多麼偏好與男性為伍。大多數「自由解放」的女性都不喜歡也不尊重其他女性，就如多數基本上對女性抱持著鄙視、高高在上態度的男性。她們若不是忌憚她們會成為情場敵人，就是在害怕她們會成為職場對手——

她們打入了幾乎全為男性的職場世界，因此想要保住自己的特殊地位。大部分被視為「自由解放」的女性都恬不知恥地想贏得男人認可，[13] 滿心想要巴結男同事、與他們一起貶低其他較無成就的女性、不老實地對自己身為女性遇到的難處輕描淡寫。這種行為，就是在暗示所有女人都有能力得到她們的成就，只要她們願意努力向上即可；暗指男性施加的障礙微不足道；暗指其他女性是在畫地自限。但以上都不是真的。

「自由解放」女性的首要之務，就是儘量過著最充實、最自由和最有想像力的生活。再來就是與其他女性團結一心。她可以和男人一起生活、共事、做愛。但她無權將自己的處境輕描淡寫，把事情講得比現實更簡單、更少猜疑，或者不那麼充滿妥協。她可以與男人打好關係，但不應以背叛自己的姐妹為代價。

（一九七三年）

13. 譯註：原文是將這些女性比喻為 shameless Uncle Toms，指的是《湯姆叔叔的小屋》中的黑奴主角。他對白人奴隸主採取堅忍、順從不抵抗的態度，後來被批評為對白人價值照單全收、過度渴望贏得白人認可的黑人。

A Woman's Beauty: Put-Down or Power Source?

女性之美——是貶抑或是力量的泉源？

對希臘人來說，美貌是種美德，是種卓越的特質。據說時人就是我們當今——帶著勉強、欣羨的語氣——所稱的**完**人。若說希臘人確實想過將人區分為「內在」和「外在」，那他們還是盼著內在美能有相應的外在美貌來襯托。蘇格拉底身邊環繞一眾出身高貴的雅典年輕人，他們覺得自己心目中的英雄是如此聰慧、勇敢、高尚、誘人——但竟然如此醜陋，這著實矛盾。而蘇格拉底的重要身教之一就是其貌不揚，同時教會那些無疑面容俊俏的天真弟子們，人生究竟是充滿多少矛盾。

也許那些人拒絕聽從蘇格拉底的教誨。但我們沒有。數千年之後的我們對美貌的迷人之處更加小心翼翼。美貌大概已不再是衡量完人價值的標準。我們不僅能輕易將「內在」（性格、智力）與「外在」（外表）視作兩回事；若有人美貌與智力兼具、有才華又善良，那我們甚至還會感到驚訝。

美貌是古希臘理想中人生而為人的卓越特質，主要是基督教的影響將美貌拉下了寶座。基督教將「卓越」（拉丁文為 *virtus*）限縮於**道德**上的美德，放逐了美貌——視之為虛幻、可有可無的膚淺魅力。此後美貌就一直在失去優勢。近兩個世紀以來，人類已習慣只將美麗歸於兩性中的其一：這性別無論有多麼「美好」（Fair），都只能屈居「次位」（Second）。[14] 人們將美麗與女性聯想在一處，令美這項特質更容易受到道德指教。

我們稱女人為「美麗」，稱男人為「英俊」。「英俊」是相應於「美麗」（同時也是在拒絕與之為伍）的陽性詞彙，不過專屬於女性的「美麗」已經積攢了某種貶抑的口吻。在法語和義大利語中，人們還是能稱男人為「美麗」，顯見天主教國家——不同於受基督新教影響的國家——仍殘留著些許異教徒對美的崇拜。然而兩者縱有差異，卻也只是程度不同。凡是基督教或後基督教現代國家都將女性**歸屬**於美麗的性別，同時貶低美的概念與女性。

人們認為，女性若被稱作美麗，反映出的正是她性格和愛好的本質（男人就恰恰相反——男人的本質應是堅強、重成效、有能力）。我們就算沒有先進的女性主義意識也能明白，女性自小便

14. 譯註：「Fair sex」和「Second sex」均為女性的舊稱。

被教育要追求美貌，而這現象又是如何造就了自戀的性格、強化其仰賴他人且不成熟的特質。每個人（無論是女是男）都心知肚明。因為「每個人」——全社會——都認為有「女人味」指的就是注重自己的**外表**（與男子氣概相反——男子氣概等同於注重自己的身分和行為，外表則不重要，就算有也是其次）。有鑑於這些刻板印象，也難怪人們對擁有美貌的看法充其量只是毀譽參半。

渴望美貌當然沒有錯，但若擁有（或追求）美貌成了一種義務，那就是問題所在。大多數女性視人們對女性的理想化為一種奉承，但這卻也是一種造成女性自卑的原由，讓她們自覺沒有達到自己實際或自然長成的樣貌標準。於是女性對美的理想成了一種自我壓迫。女性被教導要關注自己的全身上下，各**部位**都得分開審視。胸、腳、臀、腰線、脖子、眼睛、鼻子、膚色、頭髮等等——女人總帶著焦慮、煩躁，往往還有絕望的心情逐一審視自己各個部位。即使有些部位通過考驗，但還是有些部位總有缺陷。只要有哪裡不完美，就不算完美。

對男人而言，外貌好看與否視整體感受而定，一眼就能確認，不必細細審視身體的不同部位；沒有人會鼓勵男人逐一剖析自己的各部位好看與否。至於追求完美？這根本不足提——執著這種事情太沒有男子氣概了。確實，理想的英俊男人身上就算有一點小缺陷或瑕疵都還是令人垂涎。有個自稱為好萊塢影星勞勃．瑞福（Robert Redford）粉絲的影評人（女性）就表示，正是他臉頰上那一叢膚色的痣救了瑞福，使他不再只是空有一張「漂亮臉蛋」。想想看，同一句評語要是改用在女性身上，其中又會隱含何種對女性——還有美貌——的貶抑。

「美麗享有無盡特權，」法國作家高克托（Jean Cocteau）這麼說過。美麗誠然是一種力量，也當之無愧。可悲的是，美貌卻是大多數女性被鼓勵追求的唯一一種力量。而這種力量又總是與男人脫不了干係；它不是有所作為的力量，而是魅惑的力量，是一種否定自我的力量。因為這種力量由不得你我自由選擇——至少女性不能；放棄美貌也必會招來社會異樣的眼光。

對女人來說，打扮永遠不只是一種樂趣，打扮更是種義務，是她的工作。若女人真正有所成就——即使她已在政治、法律、醫學、商業等領域攀升至領導地位——她始終承擔著壓力，不得不承認她仍在努力保住自己的外在魅力。但要是她努力不辜負女性的外貌標準，那她客觀、專業、權威、深思熟慮的能力又會受到質疑。她們若是達標，就會受到譴責；沒有達標，還是會受到譴責。

女性所受的壓迫是一則讓人哭笑不得、沒完沒了的故事，而我們很難找到比這則故事更重大的證據，來證明人們將自己劃分為「內在」和「外在」有多麼危險。我們先是說女性只在乎外表，然後又斥她們「膚淺」（又或是只覺她們膚淺得可愛），這也太隨便了。可這麼粗製濫造的陷阱已經讓人深陷太久。然而，若要擺脫這道陷阱，女性就得帶著犀利眼光與「美」被賦予的卓越和特權保持一定距離，遠得足以看清「美」的格局為了撐住「女性氣質」的神話而變得多麼狹隘。我們肯定有辦法能讓「美」**掙脫**女性的枷鎖——也為女性**守住**美的力量。

（一九七五年）

Beauty: How Will it Change Next?

美——下一步又有何變化？

看似最有主張、最誘人的想法基本上都是自相矛盾的。其一是自由，另一個則是美；美是許多常見對立面的複雜組合，其雜揉了自然與歷史、原始與人造、個人風格塑造與遵守成規——甚至還能是美麗與醜陋的結合。

人們認為，美是一種可直觀理解（和欣賞）的價值，且以自然為美。但美同時又是歷史事實，這點我們也再清楚不過。不同文化對於美的觀念都有著驚人廣泛的相異處。而在所謂的原始社會，或至少在前現代社會中，美與人體改造卻最是脫不了干係的。除毛、人體彩繪、在肌膚上留下傷疤作為裝飾，以上均屬比較溫和的基本裝扮，不過有些文化的殘割作法就更有野心了——像是唇盤、豐臀、裹小腳等等，但這類對美的理想卻反而讓我們覺得太過誇張、明顯還很難看。

但所有塑造美貌的方式——不管表面上看來再怎麼反常或頑強——在本質上都很脆弱。任何文化的理想之美，無論是重人工還是重自然，都會因接觸到另一種文化而改變；此外，受到文化強暴的社會可能也會對自身的美麗標準信心大失——從二戰後日本人接受雙眼皮手術的統計資料便可得證。

還有另一個矛盾。美永遠都被視為一種「贈予」，但人們同時間又覺得美貌可以養成。美必須受到悉心呵護，也能夠加以改善：透過運動、正確的飲食、乳液及保養霜便能達成。美也能在一定限度內被創造或偽裝而成：方法就是化妝或穿上能為自己增色的衣服（最終手段當然就是手術）。美是美容技藝的原物料，是我們這時代美容「工業」的原物料。美貌同時被認為不僅是種禮物——有些人天生麗質，有些人其貌不揚，可見大自然（或上帝）的殘忍不公平——也是一種自我完善的方式。外表吸引力既被視作女性的自然條件，還是她們必須努力、勤奮追求的目標，好讓自己從一眾女性中脫穎而出。

但這便又帶出了另一種矛盾。美貌令人與眾不同，但擁有出眾美貌卻也就表示得遵從某種規範準則（「時尚」）。倘若我們能記住，美這種觀念——就如真理與自由——的意義係來自於與之敵對的負面概念（儘管並未明言），是出自於兩者間的對立，那這種矛盾便能稍獲緩解。但我們也不能太過天真地以為「美」所指涉的對立面只有「醜」。實際上，以時尚的邏輯來說，美麗的事物常必須在一開始顯得醜陋。「美麗」隱含的對立面其實是「普通」，是「庸俗」。

就美的觀念而言，我們生來都是無知的土包子。我們會學習何謂美——也就是說美的觀念是可以被教導的，亦是被教導而來的。但這種教誨卻難說是在宣揚人人平等的感情。美是一套在性別主義準則下運作的階級制；儘管人們大量於階級間上下流動（也許這正是原因），但美無情的分級制度依舊存在，也必然會持續壯大人們的優越及自卑感。美是無休止的社會攀登——在這個社會中，讓人能夠晉升「美」此一貴族階級的條件不斷變化，攀登的過程也就變得尤為艱鉅。處於階級頂端的正是「明星」，唯有他們有權推出傲視眾人的**新**美學，接著再由大量民眾接受和模仿。

審美觀念的部分變化並非真正的變化。表面看來相異的美麗標準實際上都是在頌揚同一套價值。以往當歐美人（包括女性）多於戶外工作時，極為白皙的肌膚就是成就女性之美的必要條件。如今多數人既已改為室內工作，古銅色肌膚便顯得誘人了。而隱藏在理想之美外在變化下的，卻是不變的同一套標準。無論是蒼白或晒得黝黑的肌膚，最受人珍視的就是無關辛勞的膚色——因為它象徵奢華、特權，以及休閒的餘裕。還有另一個例子。這世紀以來，人們逐漸視苗條（尤其是臀部）為女性的理想身材，這並非因為「品味」會隨意轉變。而是因為歷史上所有社會都處於物資匱乏的狀態，大多數人永遠吃不飽，所以人們以往多以豐滿（甚至是肥胖）為美。可到了空前富裕的現代歐洲和北美，這是歷史上頭一回大多數人飲食過剩，因此瘦削的身材就顯得突出了。

美的許多標準都和「與眾不同」有關，然而這並不代表我們社會中所有美的理想條件都地位均等，也不代表其中全無有趣的變化。我們所知的美之所以能蓬勃發展，都是依循消費社會的需求：亦即創造以往不存在的需求。

在消費主義早期，市場只開放給相對少數人參與，美的標準可能仍讓人高攀不得。這時的美與脆弱、難以接近、魅力、優雅有關。但隨著達成此類條件的消費者數量不斷增加，標準便難免會稍微下降。如今，我們的美貌模式已不再那麼高貴、那麼憂鬱、那麼令人生畏。

法國劇場女伶莎拉·貝娜（Sarah Bernhardt）、瑞典影星葛麗泰·嘉寶、德國女星瑪琳·黛德麗（Marlene Dietrich）都是最受追捧的**可遠觀不可褻玩焉**的公主。她們慵懶嫻靜的儀態和完美面容對整個世代都有催眠之效，其權威之大難以估計。而後起的美女代表（她們來得太遲了）就遠遠不及前輩那般令人為之傾倒、那般懾人心魄：像好萊塢影星葛麗絲·凱莉（Grace Kelly）和法國女星凱瑟琳·丹妮芙這類美得造作的公主，對**我的品味**來說實在是過度貌美了（以丹妮芙和凱莉為例，她們不是息影便是職涯停滯，可見在我們這世代長得**那麼**美算是一種缺憾。美國演員費·唐娜薇［Faye Dunaway］則是還算沾得上邊的例子，她的從影生涯也受到同樣的阻礙。為了繼續當明星，費·唐娜薇得設法出演能掩蓋自身美貌的角色）。

如今我們對美的觀念更加「自然」、「健康」，也更加多元，更注重活躍多於慵懶（雖然所謂的活躍——浪漫愛戀、運動、度假——仍多被視作休閒，與勞動無關）。美不再是種理想；而是充滿多樣的個性。這樣的變化大概會讓追求美貌者不會再因達不到高不可攀的標準而心生焦慮。但隨著美的標準似乎變得更親民，相對更容易達成，「明星」卻仍是傳播美的推手。

時尚設定了一道標準，一道本質上很高、甚至可能太高的標準；但標準不高就沒有說服力了。然而我們又被告知這些標準人人可及。可是美又能親民到何種程度，而不失去其作為一種概念的權威地位、不失去其作為一種矛盾的魅力？也許我們文化中美的民主化全是虛假的：只不過是時尚之輪的又一次轉動。就這樣，時尚既推崇完美，又鋪張地淡化完美。就連「自然」也只是在作戲；畢竟要讓外貌看來「自然」也需要很多技巧。要將以牙縫為美的模特兒勞倫·赫頓（Lauren Hutton）作為榜樣，也許並不比仿造莎拉·貝娜的完美面容簡單。

現下的審美觀念既崇尚自然又注重誇飾效果，這是受到了消費社會中的美與美容「工業」的影響。在中國這樣典型的**反**消費社會，美的意識型態根本就不存在。而在蘇聯這個正往消費主義轉型的社會中，美的意識型態若非並不存在，就是觀念倒退。這是蘇聯人首次嘗試塑造「時尚」，其風貌以我們的標準來看不僅顯得古板、缺乏詩意，還反映出過往資產階級對女性氣質的刻板印象（兩者大概是同一件事）。俄羅斯人看起來（在我們眼中）對醜陋根本不自覺——尤其是肥胖，從他們敢於在海灘上毫不羞赧展示自己的豐滿肉體就知道了。可消費社會漸漸發展，自我意識也會隨之抬頭，這也大概意謂著目前蘇聯女性更加平等的處境（至少在工作上更加平等）至少會暫時倒退一步。但俄羅斯人還得花上很長一段時間（要富裕個好幾代），才能準備好接受一種實現美感的奇特方法，接受在我們的先進消費社會中已然完善的風氣。

美當然是一則神話。問題在於它是什麼樣的神話。兩個世紀以來，這則神話一直禁錮著女性——因為**女性**是美唯一的聯想。我們繼承的審美觀念是由男性發明（以鞏固他們自己比較優越、不那麼膚淺的美德主張），現在也仍是由男性主導。男人更是嚴格地將自己排除於這套制度之外。

但改變正在開始。這十年來，男性之美已然出頭。美的神話似乎重新往男女兩性靠攏。現在美的標準變得男女適用——男性開始同意被視作（也自視為）性「對象」，而不再只是陽剛多毛的掠食者。最近美貌往單一標準傾斜的現象（至少在年輕族群之中是如此），似乎多少讓美的神話不再那麼反動——換句話說，就是對女性不再那麼有害。

可以肯定的是，人對中性之美的品味並非真正的大破大立。美的概念仍帶有「女性氣質」的暗示——即便男性之美開拓了新的中性領域也一樣。所以說，英國歌手大衛·鮑伊（David Bowie）之所以美，實是因為他與在人們眼中貌美的演員凱瑟琳·赫本（Katharine Hepburn）長得相像。但男性自戀的面向、道德體制及後果都有別於女性自戀。社會並未將呵護自己的外表視作男性的責任。它充其量只是一種選擇，而非與女性一樣，是種與其性別身分相依的義務。

在男性的美學標準開始變得更精緻、講究時尚之時，有些女性則起而反抗這種傳統，不願再任其強化女性懶惰、肌膚光滑、無體味、腦袋空空又親善的玩物形象。民間對化妝掀起一股反抗浪潮。部分女性開始拒刮腿毛。光顧髮廊的年輕女性也越來越少。對於那些下定決心不再為了變美而改造自我、不再成為藝術品的女性來說，女性之美已多了一層能夠激起論辯的嶄新意義——成為女性主義的口號。

女性主義者肯定「女人就是美」，與非裔美國人的「黑人就是美」（Black is beautiful）口號同樣洋溢著挑釁精神。女人正在找回自己受壓抑的、展現美麗的自由，黑人則正在恢復非白人的美學標準，重拾於他們而言更「自然」的標準。

女性主義對於傳統向女性強推美學的作法向來是態度不屑，他們當然能不屑得理直氣壯；而這波運動也一直在宣揚一種更「自然」的美。但自然美的概念仍得與其他尚具影響力的審美觀競爭。一九六〇年代，最豐富、最核心的概念就屬「風格」了，而女性主義的論調也恰於這十年間強勢崛起，這絕非偶然（我所說的一九六〇年代的「風格」勝利，指的是人們對**各種**風格的肯定和接受）。根據更兼容並蓄的新興審美標準，醜（特異、古怪）就是美。「自然」就是美。但「不自然」也是美。各式各樣的美學幻想層出不窮。變化成了常態。

審美觀念以越來越快的節奏不斷推陳出新，所以我們也能合理預測，人在一生中肯定不會只經歷一種流行的理想面孔或身材，甚至在成年之初就必定會有過幾次重大改造（凡是年過三十五歲者都早就體驗過理想之美的幾次劇變：一九四〇年代至一九五〇年代初流行的本來是豐滿胸部，一九六〇年代則由似男孩般的身形取代；原本人們總是煞費苦心燙直頭髮，後來則以搶眼的爆炸頭為美）。

但重點也許不在於審美觀於近來有何種特定

變化，更重要的大概是普羅大眾已認知到美的千變萬化。曾經是人類學家、服裝歷史學家、社會學家及時尚專業人士的專屬知識現已成為常識。每個人都承認美的「相對性」，認知到不同文化會以不同的方式構築美，明白在我們自身的文化中，美的概念亦有其複雜歷史。美是一種已進入自我意識時代的觀念。每個浮出水面的審美觀都伴隨著其不會持久的潛臺詞：它只是一種「時尚」。

從某種意義而言，我們不能再像從前一樣嚴肅看待美了。現在美已能任我們自由把玩。所以高級時裝才時常借用舊式風格，實有諷刺之意味。衣著成了戲服。原令人難以接受的同性戀品味現在也理所當然影響潮流。在純真年代，美被視作一種固定、真實的價值。而我們已跳脫純真年代。

如今的一切都在共同破壞這則視「美」為恆常不變的古老神話。且就如布萊爾．薩博爾（Blair Sabol）這等眼光銳利的時尚評論家，斥巨資製作、為闡述及推廣時尚的雜誌也（無意間）幫著拆除了反動的審美觀念。人們對時尚的崇拜和女性主義對時尚的批判都在動搖著美的神話。美的定義越來越廣泛。在受「時尚」影響的社會裡，好看的人似乎越來越多。現代世界的資訊傳播速度更勝以往，而審美觀念的快速變化不僅是資訊流通下的副產品，本身更使我們的美感發生了質的變化，使之不再那麼壓抑、變得更是出於自願，也更加引人興致。

美會持續變得比以往更複雜、更具自我意識，也必然會持恆地變化（部分為時勢所逼）。從女權主義者的角度來看，這大概會是美事一樁。對美學家和注重感官享受者而言也會是好消息。看來（提倡女權的）道德家和美學家這次將有志一同。千變萬化已成美的**本質**，兩者都將從中受益。

（一九七五年）

Fascinating Fascism

誘人法西斯

一、

第一個展品。這本書收錄了蘭妮·萊芬斯坦拍攝的一百二十六張絕美彩色照。在近年來問世的攝影集中，這無疑是最令人心醉之作。蘇丹南部的險峻群峰裡住有約八千名如神明般孤傲的努巴人（Nuba），他們是完美體態的象徵，有著勻稱、半剃光的碩大頭部、表情豐富的面容、體毛剃光且疤痕滿布的強健身軀；這些人全身塗滿灰白的聖灰，在乾旱的山坡上或騰躍、或蹲踞、或沉思、或彼此角力。而《最後的努巴人》（*The Last of the Nuba*）的封底，印有十二張萊芬斯坦本人的黑白照片，畫面同樣絕美，按時間順序排列的一張張神情（從風情萬種的內斂氣質，到老婦參與打獵時的咧嘴大笑）擊敗了無可逆轉的衰老。第一張照片攝於一九二七年，那時二十五歲的她已經是電影明星，最近期的兩張照片則分別攝於一九六九年（她懷抱著一個赤裸的非洲寶寶）和一九七二年（她手持相機）。每一張照片都流露出某種理想形象，一種有如伊莉莎白·舒瓦茲柯芙（Elisabeth Schwarzkopf）那般的不朽之美，儘管年歲漸增，卻也只顯得更快樂、更容光煥發、更健康。再來就是書封套了，上面載有萊芬斯坦的傳略，另附有一篇題為「蘭妮．萊芬斯坦研究科爾多凡省（Kordofan）梅薩金努巴人（Mesakin Nuba）之緣起」的序言（未簽名）——滿是令人不安的謊言。

序言縱使詳述了萊芬斯坦的蘇丹朝聖之旅（據其所稱，這趟旅程的靈感是來自於海明威《非洲的青山》［*The Green Hills of Africa*］裡的一句話：「一九五〇年代中期的一個不眠夜」），卻只簡略稱攝影師本人為「戰前專職製片、略有神祕色彩的人物，她已幾乎為一個國家所忘卻，一個選擇從歷史記憶中抹去一段特定時代的國家。」除去萊芬斯坦本人，還有誰（還真希望有人）能想出這套說詞？神祕兮兮地影射有某個「國家」出於某種未知原因而「選擇」像個可悲的懦夫一樣去遺忘「一段時代」（還刻意不說明白是哪個時代）？可想見，這種對德國、對德意志第三帝國的忸怩影射應該會至少嚇著一部分的讀者。

比起序言，書封套卻是很積極地詳述攝影師關注的主題，鸚鵡學舌般地散布萊芬斯坦這二十年來持續發出的假消息。

在德國動盪重大的一九三〇年代，蘭妮．萊芬斯坦以電影導演之姿崛起，迅速享譽國際。她出生於一九〇二年，先是投身於創意舞蹈，後也因此參與默片演出，很快她便開始自己製作——及演出——有聲電影，《山》（*The Mountain*，一九二九年）便是其中一作。

其帶有濃厚浪漫風情之作廣獲讚譽，尤其受到阿道夫．希特勒（Adolf Hitler）青睞。於一九三三年掌權的希特勒曾委託萊芬斯坦為一九三四年的紐倫堡黨代表大會拍攝紀錄片。

人還真要有點原創能力才能把納粹時代稱為「動盪重大的一九三〇年代」、將一九三三年的事件總結為希特勒「掌權」，還稱萊芬斯坦「以電影導演之姿享譽國際」（但其實她在那十年間的大部分作品確實都是在為納粹作宣傳），彷彿她與同時代的法國電影導演雷諾瓦（Renoir）、德國的盧比齊（Lubitsch）、美國的弗萊賀提（Flaherty）並無二致（出版社會不會其實真讓萊芬斯坦為自己攝影集的書封套撰文？我們不太樂意接受這種刻薄的猜測，不過「her first devotion was to creative dancing」［先是投身於創意舞蹈］確實不像英文母語人士會寫出的句子）。

當然，種種事跡不是非屬實情，便是憑空捏造。萊芬斯坦不僅沒有製作——或出演——名為《山》的有聲片。這部片根本就不存在。進一步講，上文雖寫萊芬斯坦是先參演默片，待有聲電影出現後才開始推出自導自演的創作，但她的經歷並沒有這麼單純。萊芬斯坦在自己現身的九部電影裡均是主演，且有七部並非由她執導，片名如下：《聖山》（*Der heilige Berg*，一九二六年）、《大躍》（*Der grosse Sprung*，一九二七年）、《哈布斯堡家族的宿命》（*Das Schicksal derer von Habsburg*，一九二八年）、《帕呂峰的銀白地獄》（*Die weisse Hölle vom Piz Palü*，一九二九年）——以上均為默片，接下來則是《白朗峰雪災》（*Stürme über dem Montblanc*，一九三〇年）、《白色迷狂》（*Der weisse Rausch*，一九三一年）及《冰山救援》（*S.O.S. Eisberg*，一九三二至一九三三年）。以上僅有一部的導演不是阿諾德．范克（Arnold Fanck），他自一九一九年起，便執導過多部極為叫座的阿爾卑斯山壯麗史詩片。在萊芬斯坦於一九三二年離開並自立門戶後，范克只拍攝過兩部失敗作。（非由范克執導的電影為《哈布斯堡家族的宿命》，這部催淚片是奧地利製作，帶有保皇傾向。萊芬斯坦於片中飾演情婦瑪麗．維策拉［Marie Vetsera］，她與情郎魯道夫［Rudolf］王儲雙雙於梅耶林［Mayerling］殉情自殺。本片的膠卷似乎沒有留存下來）。

范克為大眾口味打造的華格納式華麗風格捧紅了萊芬斯坦，但這些電影不單是具有「濃厚的浪漫元素」而已。其內容在當時雖看來絕對無關政治，但如今回想起來，正如德國作家齊格飛．克拉考爾（Siegfried Kracauer）所說，這些電影似乎全都透出原始的納粹情緒。在范克的電影裡，攀爬山峰是種令人難以抗拒的視覺隱喻，象徵著對崇高、神祕目標的無垠渴望，既美麗又駭人，這種渴望後來也具體展現在元首崇拜中。萊芬斯坦大多飾演個性奔放的女孩，敢於征服令他人（他們被稱為井底蛙）瑟縮不前的高峰。她的第一個角色為默片《聖山》裡名為迪奧蒂瑪（Diotima）的年輕舞者，迪奧蒂瑪受到一位登山客的追求，在對方的熱情薰陶下也迷上了健康的登山運動。這個人物亦在劇情中漸漸成長飽滿。在第一部有聲電影《白朗峰雪災》裡，萊芬斯坦則飾演一位著迷山林的女孩，她愛上年輕的氣象學者，並於暴風肆虐的白朗峰上將愛人救出觀測站。

萊芬斯坦自己執導了六部片，第一部《藍光》（*Das blaue Licht*，一九三二年）也是一部與山有關的電影。萊芬斯坦一樣是主演，她飾演的人物仍類似以往范克執導的片裡、那些令她「廣獲讚譽，尤其受到阿道夫．希特勒青睞」的角色，但有別於范克略帶童心探險的呈現方式，萊芬斯坦則是以寓言般的手法來處理如渴望、純淨、死亡等幽深主題。山的形象一如既往，一方面壯麗無比，一方面又危機四伏，呈現出一股既能肯定終極自我，亦能逃脫自我的壯闊力量——能使人晉升勇士之列，也能把人推入死亡深淵。萊芬斯坦為自己設計了帶有原始氣息、與毀滅之力具有獨特關係的角色榮塔（Junta）。只有榮塔這位衣衫襤褸、遭人排擠的村姑，才觸得到克里斯塔爾山（Mount Cristallo）峰頂散發出的神祕藍光。然而村裡的其他年輕人雖也在藍光的迷惑下設法攀上山峰，卻都以死亡告終。女孩最終也香消玉殞，但殺死她的並非遙不可及的登峰目標，而是勢利村民的忌妒心與平庸，還有她情人（一位來自都市的好心訪客）盲目的理性至上性格。

繼《藍光》之後，萊芬斯坦執導的下一部片並非「一九三四年的紐倫堡黨代表大會」紀錄片，而是《信念的勝利》（*Sieg des Glaubens*，一九三三年），以此慶祝希特勒掌權後首次舉行的民族社會主義黨[15]代表大會（萊芬斯坦從一九五〇年起便自稱只拍攝過兩部非虛構片，最近也有許多為她洗刷形象的論調，但她拍過的非虛構片其實有四部）。接下來的兩部作品才真正讓她名揚國際。第一部《意志的勝利》（*Triumph des Willens*，一九三五年）是以第二次黨代表大會作為題材——《最後的努巴人》的書套上根本沒有提及此片。之後她還為德國軍隊拍攝過一部十八分鐘的短片《自由之日：我們的軍隊》（*Tag der Freiheit: Unsere Wehrmacht*，一九三五年），為「元首（Führer）」[16]描繪士兵與從軍之美（不意外，這部片也並未被提及，而其膠卷至一九七一年才被人找到；在一九五〇至一九六〇年代期間，不僅萊芬斯坦，其餘所有人也都以為《自由之日》已經遺失。那時她便將之從自己的作品集剔除，接受採訪時也拒談這部片）。

書封套繼續寫道：

萊芬斯坦拒絕聽從戈培爾（Goebbels）的要求，不願讓自己的視覺風格屈就於他嚴格的政治宣傳條件，因而引發一場意志的角力。萊芬斯坦在拍攝一九三六年的奧運會紀錄片《奧林匹亞》（*Olympia*）時，雙方更是劍拔弩張。戈培爾甚至想銷毀影片，在希特勒親自干涉後才罷手。

萊芬斯坦憑藉於一九三〇年代製作的兩部頂尖紀錄片聲名大噪，之後她繼續拍攝自己構思的電影，與納粹德國的興起再無關係。直至一九四一年戰爭爆發才使她的拍攝工作停擺。

萊芬斯坦由於與納粹高層有往來而於二戰結束時被捕，並兩次受審，兩次獲判無罪。之後她便沉寂下來，半數世人已遺忘她——儘管她的名字曾在德國家喻戶曉了整個世代。

15. 譯註：納粹黨為民族社會主義黨的簡稱。
16. 譯註：希特勒的稱號。

以上唯一的實話，就是她的名字曾在納粹德國家喻戶曉，其餘皆為子虛烏有。像這樣把萊芬斯坦塑造成獨立自主的藝術家，說她不屑為了國家贊助而與庸俗的官僚與審查制度為伍（「拒絕聽從戈培爾的要求，不願讓自己的視覺風格屈就於他嚴格的政治宣傳條件」），凡看過《意志的勝利》的人應該都會覺得那是胡扯。從《意志的勝利》此片本身之構想來看，便知製片人的美學絕無可能獨立於政治宣傳之外。實際上，萊芬斯坦在拍攝該片時，不僅設備取之不盡，官方也大力配合（製片人與德國宣傳部長從未有過衝突），但萊芬斯坦在戰後一直否認此事。可實情正如她在一本介紹《意志的勝利》拍攝過程的小書裡所說，自己不僅曾參與籌備集會，更在一開始便打算拍攝現場來形塑電影中的壯觀場面。[17]《奧林匹亞》這部長達三小時半的電影又分為《人民同慶》（*Fest der Völker*）與《美之節日》（*Fest der Schönheit*）兩部分，同是不折不扣的官方宣傳品。自一九五〇年代起，萊芬斯坦總是於採訪中聲稱《奧林匹亞》是受國際奧林匹克委員會（International Olympic Committee）委託拍攝，且是頂著戈培爾的抗議由她自己的公司製作。可《奧林匹亞》實為納粹政府授權、全額資助之作（當局以萊芬斯坦的名義成立傀儡公司，因為他們覺得以政府作為製片人並非明智之舉），拍攝的各個階段也都有戈培爾的宣傳部門相助；[18] 而傳言說戈培爾曾反對萊芬斯坦在影片中納入美國黑人田徑明星傑西・歐文斯（Jesse Owens）獲勝的畫面，聽來煞有其事，卻也是無稽之談。萊芬斯坦耗費十八個月完成後製，恰好趕上一九三八年四月二十九日於柏林首映，同時慶祝希特勒四十九歲生日；同年下半，此片成為德

17. Leni Riefenstahl, *Hinter den Kulissen des Reichparteitag-Films* (Munich, 1935). 從第三十一頁的照片可見希特勒正與萊芬斯坦認真構思，圖說為：「黨代會的籌備工作與拍攝準備同步進行。」黨代會於九月四日至十日舉行；萊芬斯坦表示，她從五月開始工作，除依序規劃分鏡之外，也監督人員為攝影需要搭建精巧的橋樑、塔樓和軌道。八月下旬，希特勒與衝鋒隊（SA）負責人維克托盧策（Viktor Lutze）同抵紐倫堡，以「視察現場並下達最後的命令」。她的三十二名攝影師在拍攝期間全程穿著衝鋒隊制服，「此為參謀長（Lutze）的建議，以免便裝破壞畫面的莊嚴氣氛」，黨衛軍還派出了一隊衛兵。

18. 參見 Hans Barkhausen, "Footnote to the History of Riefenstahl's 'Olympia,' " *Film Quarterly*, Fall 1974——此篇論文不同於近幾年歐美電影雜誌中眾多讚譽萊芬斯坦的文章，其觀點突出，內文富有論見。

國參與威尼斯影展的主打作品，並獲頒金獎。

謊言不止於此。說萊芬斯坦「繼續拍攝自己設計的影片，與納粹德國的興起再無關係。直至一九四一年……」一樣不是實情。一九三九年（她在應華特・迪士尼之邀參訪好萊塢歸來之後），德軍入侵波蘭，萊芬斯坦更以戰地記者之姿帶著攝影隊隨行，然而相關紀錄都沒有於戰後留存下來。在《奧林匹亞》之後，萊芬斯坦只拍攝過一部名為《低地》（*Tiefland*）的電影。該片在一九四一年開拍，後來一度中斷，一九四四年才恢復拍攝（地點為巴蘭朵夫電影工作室 [Barrandov Film Studios]，位於納粹占領下的布拉格），最後於一九五四年製作完成。《低地》一如《藍光》，以低地、深谷的墮落對比高山的純淨，主角（萊芬斯坦飾）同樣是個美貌的社會棄兒。萊芬斯坦喜歡讓人以為她在漫長的虛構片導演生涯中只創作過兩部紀錄片。但在由她執導的六部電影裡，就有四部是替納粹政府製作、由納粹政府資助的紀錄片。

說萊芬斯坦與希特勒、戈培爾的合夥及私交為「與納粹高層有往來」也並不準確。萊芬斯坦早在一九三二年以前就已經是希特勒的密友；她也是戈培爾的朋友。自一九五〇年起，萊芬斯坦便總稱戈培爾討厭她，甚至說他動用權力干涉她的工作，但並無證據可以證明此事。正是因為萊芬斯坦能不受限制親自接觸希特勒，她才正是唯一不必聽命於戈培爾宣傳部電影監製處的德國導演。最後，說萊芬斯坦「兩次受審，兩次獲判無罪」也是在誤導人。實情是，她在一九四五年由同盟國部隊短暫拘捕，柏林和慕尼黑的兩處房產也遭查封。調查和庭審至一九四八年才開始斷續進行，直到一九五二年法庭的裁決為她「去納粹化」，稱她「沒有參與過應施以懲處的親納粹政治活動」。重點在於，無論萊芬斯坦該不該坐牢，問題都不在她與納粹高層有「往來」，而是在於她曾擔任第三帝國的頭號宣傳員。

《最後的努巴人》書封套如實摘要了萊芬斯坦如何為自己辯解。她從一九五〇年代起便開始編造辯詞，這點至一九六五年九月她在接受法國電影雜誌《電影筆記》（*Cahiers du Cinéma*）採訪時更嶄露無遺。她否認自己的創作為政治宣傳手段，卻稱之為真實的電影。「沒有一個場景是刻意安排的，」萊芬斯坦在談及《意志的勝利》時如是說。「所有畫面都是如實呈現。電影中並無偏頗評論，原因很簡單，因為裡頭根本沒有評論。**那就是歷史——純粹的歷史**。」不過，萊芬斯坦在一本談電影製作的書中，曾流露出對「編年史式的電影」、寫實「報導」或「紀實拍攝」的強烈不屑，說這種形式不配用來捕捉事件的「英雄氛圍」。她如今的態度卻是大大轉彎。[19]

雖然《意志的勝利》沒有旁白，但片頭出現的書寫文字確實是在宣告這次大會將是德國歷史上救贖的巔峰時刻。然而在這部偏頗的影片中，此種開場白倒算是最無新意的手法。電影中並無評論，因為它不必多言，因為《意志的勝利》早就將歷史作為戲臺，來呈現現實中已實現的大破大立。拍攝《意志的勝利》的決定多少確定了一九三四年的黨代會要以何種方式呈現——於是這段歷史事件成為了電影背景，製片人為成品蒙上一層彷彿真實紀錄片的假象。其實，有些黨領袖在講臺上發言的膠片被發現受損時，希特勒還下令重新拍攝這些畫面。於是在經過幾週後，施特萊徹（Julius Streicher）、羅森堡（Alfred Rosenberg）、赫斯（Rudolf Hess）、法蘭克（Hans Frank）又做作地回到納粹建築師施皮爾（Albert Speer）搭建好的戲檯，於沒有希特勒、沒有觀眾的現場再度宣誓效忠元首（施皮爾於紐倫堡市郊為大會搭建了壯觀場地，《意志的勝利》致謝名單也順理成章列入了他的名字，稱其為該片的建築師）。所以說，凡

19. 萊芬斯坦如今稱她當時從未替該書《納粹黨代會電影之幕後工作》（*Hinter den Kulissen des Reichparteitag-Films*）撰寫過任何一字，甚至連讀都沒讀（一九七二年八月，她曾受德國雜誌《影評》[Filmkritik] 訪問），所以若需其他資料來源，可參考一九三三年八月二十六日《人民觀察家報》（*Völkischer Beobachter*）刊登的訪談，萊芬斯坦於訪談中說明一九三三年紐倫堡集會的拍攝過程，並有過類似評論。

萊芬斯坦與為她護航者老愛把《意志的勝利》說成是獨立「紀錄片」，不時提及製片過程中遇上的技術性阻礙，好證明黨高層裡有人在與自己作對（戈培爾討厭她），彷彿種種困難並非拍片時本就常有的問題。在印第安納大學出版社（Indiana University Press）發行的電影指南叢書中，有一本由理查．梅蘭．巴薩姆（Richard Meram Barsam）撰寫的《〈意志的勝利〉電影指南》，其中作者更是死心塌地重申萊芬斯坦僅是紀錄片導演（且不懂政治）的迷思，他在序言結尾「向蘭妮．萊芬斯坦致謝，謝謝她配合進行長達數小時的訪談、為我的研究慷慨提供資料，並對本書表現出由衷的興趣。」該書首章為〈蘭妮．萊芬斯坦與獨立的重負〉，該章主題則是「萊芬斯坦篤信，藝術家必須不計代價獨立於物質世界。她於自己的人生中已實踐藝術的自由，卻也付出了沉重的代價」。諸如此類，她當然很有興趣了。

為反駁上述說詞，請容我引用一筆絕不容挑剔的資料——希特勒本人寫過的話（至少他現在不能否認了）。他為《幕後工作》一書作了一則短序，於文中稱《意志的勝利》為「絕無僅有、無與倫比之作，嶄露出我們樂章之力與美」。而事實也是如此。

是為萊芬斯坦辯護、稱她的電影為紀錄片者（假設紀錄片不與政治宣傳掛勾的話）都太天真了。在《意志的勝利》中，紀錄（影像）不僅是在記錄現實，更是現實被構建的原因，而最終它也必定得取代現實。

在自由社會裡，讓被禁人物重返社會的過程不必遵守《蘇聯大百科》裡放諸四海皆準、充滿官僚味的絕對權力。《蘇聯大百科》每次再版，都會納入一些先前不宜提及的人物，再矮化另一批人的地位，抹去他們存在的痕跡。而我們社會重新接納被禁人物的過程就更加溫和隱晦了。但這不表示人們瞬間便能接納萊芬斯坦與納粹同流的過往。只不過是文化趨勢的轉變讓此事不再重要。自由的社會不會高高在上地強加單一死板的歷史論述，自由的社會在解決此類問題時，反而是隨大眾口味的轉變來淡化爭議。

蘭妮·萊芬斯坦在洗白自己的納粹形象之前，社會已累積了一陣子的勢頭，到今年臻至頂峰，準備迎接她的回歸。夏天，她至科羅拉多州以貴賓之姿出席影迷新開辦的影展，報章電視也紛紛發表文章與訪談來推崇萊芬斯坦，現在她又出版了《最後的努巴人》。而萊芬斯坦最近之所以會被推上文化豐碑的地位，部分原因確實要歸結於她的女性身分。一九七三年紐約影展的海報是由一位同為女性主義者的知名藝術家所設計，畫面中金髮女郎的右胸上圍繞著三個名字：分別為法國攝影師兼導演安妮・華達（Agnès Varda）、萊芬斯坦及美國導演雪莉・克拉克（Shirley Clarke）。萊芬斯坦的電影創作畢竟廣受認可為一流，若非得捨棄這樣一位女子，女性主義者肯定會痛苦萬分。然而，在背後推動人們對萊芬斯坦轉變態度的最強勁動力，卻是來自於一種更豐沛包容的新審美觀。

為萊芬斯坦護航者（其中也不乏前衛電影界的權威人士）總強調她對美的矢志不渝。當然，這也是幾年來萊芬斯坦自己堅守的論述。於是《電影筆記》的訪談人便有了以下愚蠢發言：《意志的勝利》和《奧林匹亞》「的共同之處，在於兩者都形塑了某種現實，而現實本身又是以特定的形式理念為基礎。而你如此關注形式，是否察覺了哪些德國特有的性格？」萊芬斯坦對此答道：

> 我只能說，我自然而然受一切美

> 的事物吸引。是的：美，與和諧。而也許這種對結構的關注、對形式的渴求，其實是非常德國的性格。但我自己也不太確定。這來自於潛意識，並不為我所知……你還想要我補充些什麼呢？凡是純粹的現實、來自生活、平凡日常之物，都勾不起我的興趣……只有美麗、強壯、健康、充滿生機之物才令我著迷。我追求和諧。和諧產生的那一刻令我快樂。至此，我應該算是回答了你的問題。

所以說，萊芬斯坦為己平反的最終必備步驟，就是推出《最後的努巴人》。這是重寫過往的最後一步；或者說對她的忠實信徒而言，這本攝影集絕對能證明萊芬斯坦並非可惡的政治宣傳幫凶，她只是向來痴迷於美罷了。[20] 收錄於精美攝影集的一張張照片都呈現出當地完美、崇高的部落風貌。而書封套上的「我完美的德國女子」（希特勒稱萊芬斯坦）的照片全是微笑，就此粉碎了歷史的批判。

誠然，這本書若無萊芬斯坦簽名，人們未必會猜到這些照片是由納粹時代最有趣、最有才華、最有影響力的藝術家所拍攝。讀者若只是隨意翻閱《最後的努巴人》，多半會認為這部作品是在哀悼漸漸消失的原始部落——這方面的經典著作仍屬人類學家李維史陀（Claude Lévi-Strauss）以巴西波洛洛原住民（Bororo）為題所著之《憂鬱的熱帶》（*Tristes Tropiques*）——不過若搭配萊芬斯坦撰寫的長文來細看這些照片，就能發現本書實為她納粹創作的延續。從萊芬斯坦的抉擇（眾多部落中偏偏相中努巴人）就能看出她的傾向：她形容這支原住民散發出敏銳的藝術氣息（人人都有一把小豎琴）與美感（萊芬斯坦指出，努巴族的男人「擁有罕見於其他非洲部落的運動員體格」）；

20. 前衛電影導演喬納斯・梅卡斯（Jonas Mekas）於一九七四年十月三十一日《村聲》（*Village Voice*）雜誌上便是如此向《最後的努巴人》致意：「萊芬斯坦繼續頌揚——或可說是追尋？——她自拍攝電影之初便一直追求的人體古典之美。她對有紀念意義的理想事物總有興致。」一九七四年十一月七日，梅卡斯於同一份刊物寫道：「以下是我本人對萊芬斯坦電影創作的最終見解：如果你是理想主義者，那你肯定會在她的電影中察覺理想主義；如果你是古典主義者，那你便會在她的電影中聽見古典主義的頌歌；而若你是納粹分子，你便會在她的電影中瞧見納粹主義。」

她堅定認為，這些人生來便具有「超脫於俗世物質的強烈精神及宗教連結」，他們的主要活動亦充滿莊重的儀式感。《最後的努巴人》是崇尚「原始」理想的寫照：描繪出一支民族是如何與周圍環境純然地和諧共處，獨立於「文明」之外。

萊芬斯坦受納粹委託拍攝的四部電影（無論是與黨代會、納粹國防軍還是運動員有關）全數都是在讚頌人們如何膜拜一位無可抗拒的魅力首領，從而獲得肉體或群體的重生。這些電影直接沿用的策略，都是來自於萊芬斯坦主演的范克電影與她自導自演的《藍光》。以高山為題的虛構故事全都講述著對高處的渴望，講述自然原始力量帶來的挑戰與磨難；這些故事也欲呈現掙得權力（以高山的壯美為象徵）之前的暈眩感。納粹電影是讚頌共同體誕生的史詩片，片中人們憑藉狂熱的自控與臣服令現實生活昇華；它們旨在彰顯權力的勝利。《最後的努巴人》則是一曲輓歌，哀嘆原始部族（萊芬斯坦稱他們為「她所歸依的民族」）的美與神祕力量將成絕響。這部攝影集是萊芬斯坦法西斯視覺創作三聯畫的最後一幅。

第一幅為先前的高山電影，片中裝束厚重的人們奮力向上攀登，只為在天寒地凍的純白中證明自己；生命的活力就在於肉體的考驗。第二幅則為萊芬斯坦為納粹政府拍攝的電影。《意志的勝利》以大量廣角鏡頭拍攝集結人群，不時切換至個人的特寫鏡頭來突顯其澈底臣服、滿腔熱情的模樣：在整齊有序的畫面裡，裝束俐落的軍人不斷重組隊形，似是在尋覓足以表達自己忠誠的完美舞蹈。再來是《奧林匹亞》——萊芬斯坦電影創作中畫面最豐富者就屬此片（結合高山電影裡呈現山勢陡峻的垂直運鏡與《意志的勝利》特有的水平動作）。片中一個又一個繃緊肌肉、嶄露健美體態的運動選手競逐著勝利的狂喜，自家國民也於看臺上為他們吶喊助陣，而一位慈祥又凌駕一切的觀眾——希特勒則默默注視著一切，他在賽場上的身影為選手們的努力增添了神聖意味（《奧林匹亞》確實也能取名為《意志的勝利》，畢竟該片同樣強調勝利得來不易）。第三幅畫《最後的努巴人》則呈現出近乎赤裸的原始部族，他們在烈陽下玩鬧、擺姿勢，等待部落引以為傲的最終英勇考驗——步步進逼的滅亡。

那時刻彷若「諸神的黃昏」。摔角及喪葬是努巴社會的核心活動，兩者分別象徵美麗男體間的鮮活碰撞與死亡的存在。努巴人在萊芬斯坦的詮釋下成為懂得享受美的部落。他們就如熱衷人體彩繪的馬塞人（Masai）與紐幾內亞所謂的泥人族（Mudmen），每逢重大社交場合或宗教盛會，便會以灰白色的聖灰（這些灰粉無疑象徵著死亡）塗抹全身。萊芬斯坦稱自己是「及時」趕到，因為自拍攝這些照片後不出幾年，重視榮耀的努巴人已經被金錢、工作及衣飾所腐蝕（也許還有戰爭的影響，但萊芬斯坦沒有提及這點，因為她只在乎神話，而不關心歷史。蘇丹的這方土地十多年來飽受內戰摧殘，戰火必定也帶來了新科技與大量的殘骸）。

縱使努巴人為黑人，而非雅利安人（Aryan），但萊芬斯坦對他們的描寫依然多少是在呼應更廣義的納粹意識型態主題，探究純淨與不潔、正直與腐敗、肉體與心靈、喜樂與批判之間的對比。納粹德國大力控訴猶太人的都市化與智識性格，斥他們承載著有害、腐化人心的「批判精神」。一九三三年五月的焚書行動便是在戈培爾的疾呼下展開：「猶太人的極端智識主義時代已終結，德國革命的成功再度為德意志精神開闢道路。」一九三六年十一月，戈培爾正式禁止藝術批評，他的理由為藝術批評帶有「典型的猶太特質」：讓腦袋凌駕於心、讓個人凌駕於共同體、讓智識凌駕於情感。後來法西斯改變了議題，褻瀆者的角色不再由猶太人扮演，「文明」本身成了攻訐的對象。

「高貴野蠻人」（Noble Savage）這種舊時概念由法西斯主義吸收之後，其特別之處正在於它藐視一切反思、批判及多元的精神。在萊芬斯坦這本探討原始美德的攝影集裡，受吹捧的遠非如李維史陀之作那般充滿複雜、精妙巧思的原始神話、社會組織及思想。萊芬斯坦稱讚努巴人以摔角來考驗體能，振奮精神並團結一致，可她的用詞卻令人強烈聯想起法西斯主義的語調：努巴男人「繃緊肌肉、身軀因用力而起伏」，憑著「脹起的大塊肌肉」將彼此摔倒在地，他們追求的不是物質上的獎勵，而是「為延續部落神聖的生命力」而戰。據萊芬斯坦所述，摔角及與之並行的儀式團結了努巴人：

> （摔角）是努巴人獨有生活方式的表現⋯⋯摔角不僅能激起最熱烈的忠誠，也能帶動團隊支持者（其實就是所有「未親身參賽」的村民）的共感⋯⋯

> 摔角是梅薩金人和克龍古人（Korongo）整體人生觀的展現，其重要性難以言喻；摔角在有形的社會世界中，展現出無形的思想及精神世界。

部落社會裡動作技巧與勇氣的展現、強者勝過弱者的現象，在萊芬斯坦眼中都是集體文化（其中戰勝敵手是「男人一生中的最大想望」）的團結象徵。由此可見，她幾乎沒有修正自己在納粹電影中呈現的觀點。而她描寫努巴人的方式，又比電影更進一步令我們聯想起法西斯吹捧的某種理想：女性在社會中僅能充當哺育和輔佐的角色，除不得參與一切儀式之外，更被視作對男人完整性與力量的威脅。從「崇尚精神」的努巴人觀點看來（就萊芬斯坦的解讀，這當然是指努巴男性的視角），接觸女性是瀆神的；可是，在這個所謂的理想社會裡，女性很清楚自己的本分。

> 摔角手的未婚妻或妻子就跟男人一樣會小心避免任何親密接觸……身為強大摔角手的新娘或妻子讓她們以自己為榮，這種自豪之感超越了情欲。

最後，萊芬斯坦聰明地選定一支原始部族作為攝影主題。這群人「淡然地視死亡為命運的一環，他們亦不與命運抵抗」；而這個社會最熱衷、最奢華的儀式便是喪葬。死亡萬歲（Viva la muerte）。

我拒絕將《最後的努巴人》和萊芬斯坦的過去分開看待，這麼做也許不近人情、太愛記仇。然而，萊芬斯坦的創作特質始終如一，加上最近為她洗刷名聲的事態走向顯得蹊蹺又篤定，所以我們應能從中記取些許有益教訓。至於其他選擇投向法西斯的藝術家，如法國作家塞利納（Louis-Ferdinand Céline）、德國詩人本恩（Gottfried Benn）、義大利作家馬里內蒂（Filippo Tommaso Marinetti）、美國詩人龐德（Ezra Pound），這些人的經歷遠不如萊芬斯坦那樣發人深省——而在創作能量走下坡時轉而信奉法西斯的奧地利導演帕布斯特（Georg Wilhelm Pabst）、義大利劇作家皮藍德婁（Luigi Pirandello）、挪威作家漢姆森（Knut Hamsun）就更不用說了。因為萊芬斯坦是唯一完全與納粹時代掛勾的主要藝術家。而且，不僅是在第三帝國期間，她的作品更在帝國結束的三十年後，持續闡述著法西斯的眾多美學主題。

法西斯美學包含《最後的努巴人》裡可見的特殊原始崇拜，但這套美學的範疇遠不止於此。更廣泛而言，法西斯美學源自於一種對掌控局面的執著（並合理化這種執著）、臣服的行為、極端的努力，還有對苦痛的忍耐；這套美學同時認可極端自我與卑躬屈膝此兩種貌似相反的狀態。主宰與奴役的關係由獨特的慶典形式展現：人群集結、將人轉變為物、物的增生或複製、人與物在懾人心魄的全能領袖或力量周圍聚集。法西斯劇本的重心，在於強大力量與傀儡間縱情狂歡式的交流，而傀儡穿著統一，數量不斷增加。其編織的舞蹈時而動作不息、時而凝結為靜止、「陽剛」的姿態。法西斯藝術頌揚臣服、讚美無知，並美化死亡。

這類藝術幾乎不僅限於貼有法西斯標籤，或是在法西斯政府統治下完成的創作（光是列舉電影就好：華特．迪士尼的動畫《幻想曲》［*Fantasia*］、巴斯比．柏克萊［Busby Berkeley］的《大夥都在》［*The Gang's All Here*］，還有史丹利．庫伯力克［Stanley Kubrick］的《2001 太空漫遊》［*2001: A Space Odyssey*］，都同樣鮮明體現出法西斯藝術特有的結構與主題)。而當然,法西斯藝術的功能也大量出現在共產主義國家的官方藝術中——只是他們總打著現實主義的旗幟,法西斯藝術則是以「理想主義」之名蔑視現實主義。不朽豐碑、全民膜拜英雄——都是法西斯和共產主義共有的藝術品味,由此可見,對極權政權而言,藝術就是令領袖和教義「永垂不朽」的工具。兩種政權也都會以盛大、僵化的模式來呈現各種動作的場面,因為這種編排正是在預演政體的統一。群眾則被設計為特定的樣態。所以大規模的體育運動演示(一種經過精心設計的人體展現)在所有極權國家都備受重視。而如今在東歐大為流行的體操藝術也令人聯想到法西斯美學反覆出現的特徵——克制力量、如行軍般的精準。

法西斯和共產政治都會藉由領袖和歌詠隊演出的戲劇來公開展演意志。在民族社會主義下,政治與藝術間的關係之所以「耐人尋味」,並不在於藝術應為政治需要服務(因為左右翼的獨裁統治都是如此),而在於政治挪用了藝術的修辭——尤其是浪漫主義晚期的藝術。(政治是「最高級、最全面的藝術,」戈培爾在一九三三年說過,「我們這些奠定了現代德國政策的人自視為藝術家……藝術和藝術家的任務，在於塑造、在於消滅病害、在於為健康者創造自由。」）而民族社會主義下的藝術之所以耐人尋味，正在於使藝術成為極權主義式特殊變體的特徵。蘇聯與中國這類國家的官方藝術都旨在闡述和強化烏托邦式的道德觀。法西斯藝術展現出的是一種烏托邦美學——完美的軀體。納粹統治下的畫家與雕刻家時常會描繪赤裸的身軀，但不許展現任何肉體上的缺點。其裸體人像就如人體寫真雜誌上的照片，彷若釘在牆上的海報，佯裝無情色之意，形式上卻又引人想入非非。我必須說，萊芬斯坦對美與健康的宣揚遠比這個更為精巧，也絕不像其他納粹視覺藝術那樣愚昧。她玩賞著各式各樣的身體——萊芬斯坦在美感上並非種族主義者——而在《奧林匹亞》中，她確實成功展現出選手的努力與張力，還有伴隨而來的不完美，也捕捉到那種非寫實、看似毫不費力的表現（如電影中最受讚譽的跳水場面）。

不同於共產式藝術吹捧的無性貞潔，納粹藝術則具有情欲及理想化的傾向。烏托邦美學（追求完美體格；視身分為既定的生物事實）蘊含一種理想的色情之意：性欲轉變為領袖的吸引力與信徒的喜悅。法西斯的理想在於把性能量改造成「靈性」的力量，以造福共同體。色欲（指的是女人）總是代表著誘惑，而克制性衝動就是回敬誘惑的英雄行為。於是，萊芬斯坦在解釋努巴人結婚為何沒有儀式宴會時（對比喪禮的大張旗鼓），便有了如下一說：

> 努巴男子最強烈的渴望是成為優秀的摔角手，而非與女人結合，就此確立了禁欲原則。努巴人的舞蹈儀式不是聲色場合，而是一種「貞潔的慶典」——克制生命之力的慶典。

法西斯美學的基礎是建立在克制生命力之上；種種舉止都受到限制、約束與壓抑。

納粹藝術是反動的，不與這世紀的藝術成就主流為伍。但光是這原因就讓它在當代的品味中爭取到一席之地。目前法蘭克福正舉行由左派人士籌備的納粹繪畫與雕塑展（戰後首次），令他們失望的是，儘管觀展人數極多，卻鮮少有人如籌備者所願帶著認真的態度。儘管有布萊希特的訓戒再配上集中營的照片，但納粹藝術讓人群想起的卻是一九三〇年代的其他藝術風格，尤其是裝飾藝術（Art Deco）（新藝術絕不屬於法西斯的風格，反而被法西斯界定為頹廢藝術的原型。法西斯風格的俐落線條、對材料的大膽運用，還有僵直的色情感，充其量只能產出裝飾藝術）。與阿爾諾·布雷克爾（Arno Breker）和約瑟夫·索拉克（Josef Thorak）（簡略來說，布雷克爾是希特勒和法國作家高克托最欣賞的雕刻家）所製銅像同樣的美學，也孕育出了立於曼哈頓洛克斐勒中心（Rockefeller Center）前方、渾身肌肉的擎天神亞特拉斯神像（Atlas），以及費城第三十街火車站（30th Street Station）內，隱約帶有情色意味的一戰陣亡將士紀念碑。[21]

對於不諳世故的德國大眾來說，納粹藝術的吸引力可能在於其簡單、具象、激情、不重智識的特質，讓人能擺脫複雜勞神的現代主義藝術。而對於品味老練的民眾來說，納粹藝術的吸引力則部分源於復興過往藝術風格的渴望，尤其是最為人詬病的藝術類型。然而在經歷了新藝術、前拉斐爾繪畫及裝飾藝術的復興之後，要復興納粹藝術是最無可能的。其繪畫與雕塑不僅充滿說教意味，內容亦貧乏得難以稱得上是藝術。但也正是因為這些特質，納粹藝術才讓人們能以領會、竊笑的旁觀態度將其看作一種普普藝術的形式。

萊芬斯坦的作品卻沒有其他納粹藝術創作的那種業餘水準及無知，但她的種種創作也是在吹捧許多相同的價值。而同樣的現代美學鑑賞力也能欣賞她。這種「雅緻」的普普風（儘管諷刺）倒是給了觀眾一條欣賞萊芬斯坦作品的管道，視其形式之美和政治狂熱為一種過度的美感追求。觀者以跳脫政治的角度欣賞萊芬斯坦之作，伴隨而來的便是在有意或無意間為其作品賦予了力量。

《意志的勝利》與《奧林匹亞》無疑都是上上之作（這兩部片可能還是史上最了不起的紀錄片），但在電影作為藝術形式的歷史上，兩者並不算特別重要。今天凡是拍片者沒有人會在作品中向萊芬斯坦致意，但有許多製片人（連同我自己）都仍把狄嘉・維托夫（Dztga Vertov）當作電影表述的靈感泉源。維托夫這位紀錄片界最重要的人

21. 譯註：費城第三十街車站確實立有一面著名的戰爭紀念碑，名為「復活天使」（Angel of the Resurrection）。不過，這座紀念碑是為紀念賓夕法尼亞鐵路公司於二戰中陣亡的一千三百〇七名員工，而非一戰陣亡將士。

物可說是沒有拍攝過如《意志的勝利》或《奧林匹亞》一樣令人震撼又激動的電影（當然，維托夫手邊的資源絕對沒有萊芬斯坦充足。從一九二〇至三〇年代初，蘇聯政府對宣傳片投注的預算還稱不上豐沛）。

人們總是以一套雙重標準在看待左派和右派的宣傳藝術。在操作情緒上，少有人會承認維托夫晚期的電影與萊芬斯坦的作品有同種引人激動的效果。多數人在說明自己為何受感動時，都會感性談論維托夫的電影，但並不會據實相告自己對萊芬斯坦作品的感想。所以說，維托夫能夠喚起全球影迷的深刻道德認同；人們自願被感動。但若是換作萊芬斯坦的作品，只要過濾掉片中臭名的政治意識型態，留下「審美」價值便能無礙欣賞。人們讚頌維托夫電影的前提，就是知道他是個有魅力的人，是聰明有創意的藝術家兼思想家，最終卻落得被自己服務的獨裁政權壓垮的下場。現代多數維托夫的觀眾（艾森斯坦［Sergei Eisenstein］和普多夫金［Vsevolod Pudovkin］的觀眾亦然）都認定蘇聯早年的電影是在描繪一種崇高理想，無論實踐與理想有多麼背道而馳。但我們無法比照此法來合理化萊芬斯坦的作品，因為沒有人，就算是為她洗刷名聲者，能真的讓她討人喜歡；她根本也不是思想家。

更重要的是，人們普遍認為民族社會主義只代表野蠻和恐怖。但實情並非如此。民族社會主義（更廣義來說，法西斯主義）也代表當今打著其他旗幟的理想：生命作為藝術的理想、對美的膜拜、對勇氣的狂熱、以共同體的瘋狂情緒消除異己、摒棄智識、男人（在領袖如父般的庇蔭下）團結一心。此種種理想對許多人來說是鮮活又動人的，若說觀眾之所以受《意志的勝利》和《奧林匹亞》感動僅是因為製片人的天縱英才，那就是不老實又累贅的論述。萊芬斯坦的電影之所以仍然打動人心，原因之一就在於人們還是能對片中的渴望感同身受，因其電影以多種形式的文化抗爭與對新型態共同體（如青春及搖滾文化、原始療法、反精神醫學、追隨第三世界價值、對神祕學的信仰）的宣揚來闡述許多人仍執著的浪漫理想。對共同體的宣揚並不排除對絕對領導權力的追求；恰恰相反，前者可能還會無可避免地造就後者（於是不意外，如今有一群在一九六〇年代曾抵制威權與菁英的年輕人如今卻拜倒在各種導師領袖之前，並臣服於最荒唐的獨裁紀律）。

現在，萊芬斯坦與納粹切割，被平反為一個勇敢追求美的堅定女祭司——平反為單純的製片人，再成為單純的攝影師——這並非什麼好兆頭，因為這可能會讓我們這代人難以覺察潛伏於身邊的法西斯欲念。萊芬斯坦絕非尋常的美學家或人類學上的浪漫派。她的創作之力量正源自於政治和美學理念上的從一而終，而其中有趣之處則是，如今眾人似乎比以往更難看清她的政治理念，大家也總自稱是受到萊芬斯坦的構圖美感吸引。此種少了歷史觀點的鑑賞品味讓人們懷著不求甚解的心態，盲目接受各種推廣有害情緒的政治宣傳，拒絕細究此種情緒蘊含的意義。可每個人當然都多少知道，萊芬斯坦這樣的藝術，除了美之外還別有深意。於是人們打著安全牌——一方面讚美這種藝術無庸置疑的美，一方面又藐視它道貌岸然地宣揚美。在形式主義者莊重又挑剔的品味背後，還存在著更寬廣的鑑賞力——即一種不顧忌藝術之莊重嚴肅的敢曝感受能力：而現代人的感受力正是取決於形式主義及敢曝品味之間不斷拉鋸的平衡。

令人聯想到法西斯美學的藝術現正當道，對大多數人來說，這種風格大概不過是敢曝的一個分支。法西斯或許只會流行一時，而流行的本質便是亂無章法，這點也許能讓社會不受其所害。但人對藝術品味的評判卻難辭其咎，不再只是關乎個人好惡。迎合小眾或敵對品味的藝術儘管在十年前看似特別值得捍衛，至今卻不然，因為其所引發的倫理及文化問題早已有別於以往，變得越發嚴肅，甚至可謂危險。有些內涵若僅流通於菁英文化圈裡便無傷大雅，但同一套標準及價值或許並不適合流入大眾文化；小眾品味原本引發的倫理議題也許無害，可它們一旦樹立了地位就會變得更有腐蝕力。品味與時代情境密不可分，而時代情境已然有變。

二

第二個展品。這是一本能在機場雜誌攤或「成人」書店買到的平裝書，價格較為實惠，不像《最後的努巴人》那種專門擺在咖啡桌上吸引藝術愛好者和「思想正派人士」的昂貴書籍。但兩本書卻有著相同的道德淵源，一種根本上的執著：處於不同發展階段的執著——相較於《黨衛軍裝束》（*SS Regalia*）的直率不諱，《最後的努巴人》比較深藏於道德的「櫃」中，態度較為隱晦。雖然《黨衛軍裝束》是英國彙編的體面雜誌（有三頁介紹歷史淵源的前言，書後還附上註解），但我們知道其吸引人閱讀之處不在學術，而在於性。封面已清楚說明了這點。一條黃線斜斜穿過書封，橫越黨衛軍臂章上的黑色大卐字，上面寫著「超過一百張絕美四色照片，售價僅二點九五美元」，根本與色情雜誌封面掩蓋模特兒私處的價格標籤位置一樣，一半是為了調戲，一半是為了服從審查。

人們普遍對制服抱有幻想。制服代表著群體、秩序、身分（經由位階、徽／勛章這類用於宣告配戴者身分及作為的象徵來確立：認可配戴者的價值）、能力、合法權威、合法使用暴力的權威。

但制服與制服照可是兩回事。制服照是色情的素材，而黨衛軍的制服照則能勾起尤其強烈、尤其廣泛的性幻想。為什麼是黨衛軍？因為黨衛軍是法西斯武斷宣言的理想化身——宣揚動用暴力的正當性，宣揚宰割他人、視他人為絕對低己一等的權力。只有黨衛軍才能完整體現這樣的宣言，因他們身體力行，動用無比殘暴、毫不馬虎的手段；因他們讓自己牽扯上某種美學標準，大力渲染自己的權威。黨衛軍被設計成一種菁英軍團，不僅極端暴力，且極端美麗（我們不太有機會見到名為《衝鋒隊裝束》的雜誌。被黨衛軍取代的衝鋒隊縱使殘暴程度不亞於後繼者，但他們在歷史上的形象卻不過是一眾粗壯、矮胖、啤酒桶身型的褐衫軍）。

黨衛軍的制服既時尚、剪裁俐落又帶點些許（卻不過度）怪美的風格。來對照一下頗為無聊、剪裁不甚理想的美軍制服：夾克、襯衫、領帶、長褲、襪子、繫帶鞋——無論點綴上多少勛章或徽章，基本上還是平民裝束。黨衛軍的制服緊身、厚實、堅挺，還有手套包住手部、靴子裹住腿腳、增添份量，使得著裝者必須挺立站直。《黨衛軍裝束》的封底解釋道：

> 制服為黑色，黑色在德國是別有深意的重要顏色。黨衛軍穿上這套制服後，會再搭上各式各樣的配飾、象徵物、徽章來區分軍銜，從盧恩符領飾到骷髏頭配飾都有。這樣的外表不僅有張力，更富有威嚴。

書封上近乎懷舊的邀約實難讓人料到書內收錄的大部分照片是如此平庸。除了大名鼎鼎的黑色制服外，黨衛軍士兵也獲發類似美軍制服的卡其布制服、迷彩斗篷及夾克。而除了軍裝照之外，書中多頁還印有領標、袖邊、山形袖章、皮帶扣、紀念章、軍旗、號角旗、軍帽、軍功獎章、肩章、各式許可通行證——沒幾樣上頭真帶有聲名狼藉的盧恩符號或骷髏頭標記；以上全數都鉅細靡遺地標上軍銜、單位、配發年分與季節。幾乎所有照片都平淡無奇，但正是這點證明了影像的力量：我們彷若手握性幻想的「祈禱書」。幻想若要有深度，就必須具備細節。舉例來說，假設在一九四四年春天有個黨衛軍中士要從特里爾（Trier）前往呂北克（Lübeck），那他得持有何種顏色的通行證？回答這問題需要各種文件證據。

若說法西斯的理念在審美的濾鏡下被中和了，那象徵法西斯的標誌則是已添上情欲色彩。諸多創作都可見到此類蠱惑人心、虔誠的法西斯色情化現象，像是日本作家三島由紀夫的《假面的告白》和《太陽與鐵》、美國製片人肯尼斯·安格（Kenneth Anger）的電影《天蠍星崛起》（*Scorpio Rising*），而近期推出但遠不如前幾例有趣的作品則有義大利導演盧契諾·維斯康堤（Luchino Visconti）的《納粹狂魔》（*The Damned*）和莉莉安娜·卡凡尼（Liliana Cavani）的《狂愛》（*The Night Porter*）。這種認真為法西斯主義添上情欲色彩的舉動，絕不可與玩味文化恐怖元素的練達手法混為一談，因為後者常帶有表演、做作的成分，未必是真正在關切這些恐怖元素。舉例來說，最近在卡斯提里藝廊（Castelli Gallery）開展的藝術家羅伯特·莫里斯（Robert Morris）使用自己的照片設計了海報，圖中莫里斯上半身赤裸及腰、戴著墨鏡、頭上疑似為納粹頭盔、頸上的帶刺鋼項圈連接著粗鍊，而他也舉起上銬的雙手握住這條鍊子。據說，莫里斯認定這是唯一仍能震撼人心的影像；有人認為，藝術理當是連串不斷創新的挑釁之舉，於他們而言，震撼力是種罕見的美德。然而海報的最終意義卻是自我否定的——震驚大眾也意味著漸令他們對此習以為常，因為隨著納粹素材進入巨大的流行影像庫，供普普藝術用作諷刺之效，這種素材也會失去新意。然而，納粹主義醉人之處卻有別於普普藝術擁護的其他偶像（如毛澤東或瑪麗蓮·夢露）。無庸置疑，人們之所以普遍對法西斯越來越有興致，部分很可能是出自於好奇心。一九四〇年代初之後出生的人，一生都在聽聞共產主義利弊的討論，所以法西斯主義（父母輩時代的重要話題）才帶有異國和未知的情調。於是年輕人開始普遍迷戀恐怖與非理性的題材。在大學校園內，最受歡迎的就屬講授法西斯歷史與神祕學（包含吸血鬼）的課程。此外，明顯蘊含法西斯主義的性誘惑——《黨衛軍裝束》就是明證——似乎不會因為受到諷刺或氾濫而式微。

在世界各地的色情文學、電影及各式用具中，尤其是美國、英國、法國、日本、斯堪地那維亞半島、荷蘭和德國，黨衛軍已成為性冒險的代名詞。許多性怪癖的意象都被冠以納粹符號。長靴、皮鞭、鎖鏈、動人胴體上的鐵十字勛章、納粹黨徽，還有掛肉鉤與重型機車，以上都成為色情行業祕而不宣又最有利可圖的全套裝備。人們會在情趣用品店、澡堂、皮具酒吧及妓院拿出自己的用具。但是為什麼？為什麼納粹德國這樣性壓抑的社會竟會成為色情的象徵？一個曾經迫害同性戀的政權怎麼反倒能開啟同性戀的性欲開關？

有條線索就藏於法西斯領袖本身對性隱喻的喜好。就如尼采和華格納，希特勒也視領導權為一種對「女性」大眾的性主宰，一種強暴（在《意志的勝利》一片中，群眾表現出的正是欲仙欲死的狂喜；領袖讓群眾達到了性高潮）。左翼運動的形象往往是單性或無性的。相較之下，右翼運動在其開創的現實中無論是多麼禁錮性欲又壓抑人性，在表面上都含有情色意味。納粹主義確實比共產主義「更性感」（這可不是納粹的功勞，只是約略揭示性想像的本質和局限）。

當然，多數受到黨衛軍服吸引的人並不認同納粹行為，凡是對納粹有約略了解者都會如此。然而，現今卻有越來越多日漸壯大的性情緒（一般稱性施虐／受虐癖［sadomasochism］）潮流為納粹主義添上色情意味。異性戀和同性戀都會幻想或實踐此種性虐癖，只是男同性戀將納粹主義添上情欲色彩的傾向更明顯。性虐癖（而非交換性伴侶）是近幾年最大的性愛祕密。

性虐待癖好與法西斯主義之間天生就存在一種連結。正如紀涅（Jean Genet）所言，「法西斯主義為戲臺。」[22] 性虐待癖的性行為亦然：參與施虐及受虐的過程，便是在登上性的舞臺，演出一場性劇。性虐待遊戲的常客不只是裝扮專家，更是舞蹈專家與表演家。這場戲也因常人禁演而顯得更是刺激。性虐待癖之於性愛，就如戰爭之於平民生活——都是一種壯闊的體驗。（萊芬斯坦有言：「凡是純粹的現實、來自生活、平凡日常之物，都勾不起我的興趣。」）正如社會契約相較於戰爭就顯得無趣，光是抽插與吸吮也只不過是舒服，但少了刺激。法國哲學家巴塔耶（Georges Bataille）終其一生都在著作中堅稱，所有性體驗最後都會走向汙穢與褻瀆。要「乖巧」、要「文明」就意味著遠離這些完全是刻意安排的野蠻經驗。

性虐待癖好當然不只意味著傷害性伴侶，這種事總會發生——普遍也是由男人毆打女人。典型的俄國醉漢只是因為心血來潮就毆打妻子（因為他心情不好、抑鬱、神智不清；也因為女人是唾手可得的祭品），但經常光顧妓院的英國男子則是藉著被鞭打來重塑經歷。他付錢請妓女陪自己演戲，以重現或喚起過去——喚起在學校或是在托兒所時儲備了大量性能量的經歷。而當今人們演繹性愛戲劇欲喚回的也許是納粹的歷史，因為他們想開發的性能量是儲備於納粹圖像（而非記憶）之中。然而，法國人所稱之「英國人惡習」可謂是在巧妙地確立自身個性；畢竟他們的性短劇只關乎參與者的個人經歷。相較之下，人們對納粹裝束的著迷卻別有意涵，是一種對當今性愛現

22. 紀涅的小說《葬儀》便寫到法西斯對非法西斯分子的情欲誘惑，該書是對此有著墨的首批文本之一。另一個寫過此題材的是沙特，他很可能是取材於紀涅，因為他本人不像是有此種體會的類型。沙特在其四部曲小說《自由之道》（*Les Chemins de la liberté*）的第三部《靈魂之死》（*La Mort dans l'âme*，一九四九年）中，刻劃其中一位主角在一九四〇年德軍進入巴黎時的感想：「（丹尼爾）並不害怕，他信任眼前的數千隻眼，甘心臣服於它們。他心想『是我們的征服者！』，同時感到愉悅無比。他直視這些人的雙眼、欣賞他們的美麗金髮、他們被豔陽晒成古銅色的面容、他們如冰湖般的雙眼、他們苗條的身軀、修長健美到極致的臀部。他低語道：『實在太英俊了！』……古老的律法從天墜落。由法官治理的社會崩潰、刑責不再；那些如幽魂般、穿著卡其軍裝的矮小士兵、人權的捍衛者已被擊退……一種難以忍受的快感席捲全身；他幾乎看不清眼前景象；他喘著粗氣重複說道：『就如奶油——他們進入巴黎，就如抹了奶油般滑順』……他多希望能當個朝他們扔花朵的女人。」

象的反動：如今在性愛上（或其他方面）的選擇自由寬闊得令人難以招架，重視個體的程度令人難忍；於是人們選擇演繹被奴役的光景，而非重現過往的經歷。

隨著越來越多人從事這種主僕儀式，藝術也越發投注於表現此類主題，此現象也許是富庶社會合理走向的延伸——富庶社會往往會將人生的每個面向都變成一種品味、一種選擇；邀請人們視人生為一種（生活）時尚。在此前的所有社會裡，性通常是一種須實施而毋需思考的活動。可一旦性成為一種品味，也許便會漸成為充滿自我意識的戲劇形式；這正是性虐癖的重點，是一種滿足渴望的、暴力又迂迴的方法，與心理密切相關。

性虐癖始終都是性經驗可達到的極致：此時的性成為了純粹的性行為，也就是與人格、與人際關係、與愛澈底切割。所以性虐癖在近年來會與納粹象徵掛勾也就不足為奇了。主人與奴隸的關係是史上第一次如此被人們刻意美化。當初薩德侯爵（Marquis de Sade）還得從零開始編造懲罰及求歡的戲碼，他的場景、服儀及褻瀆的儀式也都得靠即興創作。[23] 可現在，有一種現成的主僕劇本已供人人取用——以黑為主題色、以皮革為材料、以美為誘惑、以誠實為理由、以狂喜為目的、以死亡為幻想。

（一九七四年）

23. 譯註：活躍於十八世紀的法國貴族，著有各種包含性虐待情節的情色文學，其名 Sade 也是「性施虐癖」（sadism）的詞源。

Feminism and Fascism: An Exchange Between Adrienne Rich and Susan Sontag

女性主義與法西斯主義——艾德麗安・里奇和蘇珊・桑塔格交流

致編輯群：

閱讀蘇珊．桑塔格評論德國導演蘭妮．萊芬斯坦及納粹色情化現象的文章（《紐約書評》，二月六日）是種很怪異的體驗。我不禁自問，同一副腦袋究竟是如何寫出這篇精彩文章，又寫出了另一篇約莫在一、兩年前發表於《黨派評論》（*Partisan Review*）上同樣精彩的文章（〈女性的第三世界〉）。她在探討萊芬斯坦與《黨衛軍裝束》時，似乎多次幾乎要點出性別與政治議題之間的重大關聯，卻從未做到。

首先，她的文章有嚴重不精確之處。她說萊芬斯坦之所以後來能重獲社會接納，部分原因要歸結於「她的女性身分」，並指出「萊芬斯坦的電影創作畢竟廣受認可為一流，若非得捨棄這樣一位女子，女性主義者肯定會痛苦萬分」。但事實上，女性主義者（而讀者在閱讀〈女性的第三世界〉時，應會以為桑塔格是與女性主義站在同一陣線的）至少曾於兩個城市抗議放映萊芬斯坦的電影。在芝加哥女性影展上（此活動係由女性主義人士和非女性主義製片人及影評人共同籌備，且由《芝加哥論壇報》資助）上，萊芬斯坦曾受邀於《意志的勝利》放映場次致詞；然而芝加哥女性運動人士揚言要到現場堵人，於是邀請便被撤回。來到科羅拉多州，在由電影圈文化人士（而非女性主義者）籌備的特柳賴德影展（Telluride Festival）上，也有女性抵制放映萊芬斯坦的電影。還有值得一提的一點，最常被選至女性節慶、公益活動及咖啡廳裡放映的電影，其實並非萊芬斯坦或安妮·華達之作，而是萊昂蒂娜·莎崗（Leontine Sagan）主張反獨裁的女同志片《穿制服的女孩》（*Mädchen in Uniform*），還有妮莉卡·普蘭（Nelly Kaplan）的《超好奇女孩》（*A Very Curious Girl*）。

將萊芬斯坦「推上文化豐碑」之地位的其實是電影文化，桑塔格於文章後半也承認這點。女性主義運動一向都是殷切地反對階級與獨裁。女性主義人士也是公正地對那些在父權體制下「有所成就」的女性保持警惕與批評（納粹德國就是最純粹、最基本的父權形式）。而我們不可能不承認此種模範女性也承受著壓力，不得已只能背棄姐妹，臣服於厭女及違反人性的價值觀，這也絕對令人惋惜。但激進女性主義者還是會時時批判男性認可的「成功」女性，無論對象為藝術家、企業主管、精神科醫師、馬克思主義者、政客或學者皆然。桑塔格於文章中未能探究的關聯也讓我回想起〈女性的第三世界〉。（該篇文章的標題也令人困惑，尤其因為芭芭拉．伯里斯［Barbara Burris］等人撰寫的重要女性主義論文〈第四世界宣言〉［*The Fourth World Manifesto*］——稍早重印在《第三年紀要》［*Notes from the Third Year*］一書中——便已經稱民族文化的概念為男性的文化，並批評「反帝國主義」運動是如何仍以帝國主義打壓女性。）如今，桑塔格論理清晰、文筆優美的《黨派評論》文章終究看來比較像是在賣弄智識，而非出自她對自我生活經驗的真實表現與深度覺察。

許多女性在讀了該篇文章後，也開始在桑塔格的新作文中尋找真正反映出女性主義價值的內容。但〈女性的第三世界〉一文還有如電影《應許之地》（*Promised Lands*）或近期幾篇談攝影的文章之間卻缺乏整合，或甚至可謂不見連貫性。我們尋求的**不是**宣傳「路線」或「正確」立場。我們只盼能見到這個女人的思想能在情感基礎的指導下，展現出更深刻複雜的層次；但我們還未能真正見證。

何謂統治與奴役、淫穢與理想主義、男性身體美化與死亡、「掌控、臣服的行為、極端的努力」、「將人轉變為物」、「生命的活力就在於肉體的考驗」、物化身體並將之與情感分開——這些主題談的若非男性主義、陽剛之氣、父權價值，那談的又是什麼？黑色皮料、妓院、欲仙欲死的幻想難道不屬於男異性戀與受其壓迫的男同性戀，反而遠稱不上是女同性戀的幻想？現下不僅女性主義者拒絕接受由男性主導的價值觀，就連未自稱為女性主義者的女性也正普遍改變觀念，而人們對前述主題的迷戀，難道沒有可能是受到威脅且虛假的陽剛之氣在反擊？

但願桑塔格能夠更深入探索這種邪教式崇拜的現象，不要只是局限於時尚潮流或所謂的法西斯現象之說，也但願她能夠將其置於父權歷史、性別、色情及權力的脈絡下——其中首先被物化的人總是女性，統治者也會為所有受支配的群體賦予女性（負面）特質，以此作為上位主宰的藉口。桑塔格未能跳脫局限令人惋惜，由此也顯見女性的思想（和身體）是如何受到殖民。正是這樣將兩種理解脈絡分開談的行為，強化了對壓迫代表方的崇拜和美學上的妥協，但桑塔格自己動筆欲譴責的正是這點。

艾德麗安・里奇
紐約市

蘇珊・桑塔格回應：

艾德麗安・里奇在她奉承又挑剔的投書中提出了這個問題：「同一副腦袋究竟是如何寫出這篇精彩文章，又寫出了另一篇約莫在一、兩年前發表於《黨派評論》上同樣精彩的文章（〈女性的第三世界〉）」。答案很簡單。那副腦袋要處理不同的問題，提出不同的觀點。

里奇小姐暗指我在詆毀女性主義運動，因為我認為，現在眾多女性對所有成就非凡的女性感到與有榮焉，有利於讓萊芬斯坦強勢回歸。這真是我的「嚴重不精確之處」嗎？要說有何不精確，那就是我太低估此事的嚴重性了。法國藝術家妮基・桑法勒（Niki de Saint Phalle）為一九七三年紐約影展設計的海報（以安妮・華達、萊芬斯坦、雪莉・克拉克三人為主角）確實精準反映出女性主義意識在一定程度上有助於洗白萊芬斯坦的形象。

北美、西歐及澳洲數十個致力推廣女性製作之電影的影展及活動籌劃人員畢竟都曾與我接觸，我可以向艾德麗安·里奇保證，儘管「藍光」本人在少數情況下沒能親自現身（芝加哥），且現身時還遭人圍堵（特柳賴德），但主辦單位總是選擇萊芬斯坦的**電影**，照常放映。這些電影自一九三〇年代以來便較為罕見，而此類放映活動的增加確實使之得以頻繁地重回螢幕。里奇說萊芬斯坦和安妮·華達的電影常受輕視，人們更青睞萊昂蒂娜·莎崗的傑出電影和妮莉卡·普蘭的平庸之作，這真是大錯特錯（看在老天的份上，為什麼要排除安妮·華達？）

而且我可沒有先說萊芬斯坦的平反要歸功於女性沙文主義，然後又「於文章後半承認」真正的罪魁禍首其實是里奇所謂的「電影文化」。我從未意圖暗示萊芬斯坦最近由政治罪人脫胎換骨為超級明星一事沒有引起任何噓聲——不過倒是有人告訴我，去年夏天科羅拉多州特柳賴德影展上高調的抗議群眾並非女性主義人士，實為來自丹佛（Danver）的猶太人。我相信萊芬斯坦確實冒犯了一些女性主義者（不過，我之所以希望她受譴責，不僅是因為她名列那張聽起來很不祥的敵人名單——「男性認可的『成功』女性」，而是有更好的理由）。她如此鼎鼎大名，這同樣也讓影迷圈內的部分知名人士感到憂心，阿莫斯·沃格爾（Amos Vogel）發表於《紐約時報》（一九七三年五月十三日）的見解便是一例。重點在於，無論是女性運動還是「電影文化」中的異議分子，都難以違逆我們文化趨勢帶來的既成事實。

不過最惹惱里奇的，並非我「曲解」了發生在專門主題影展上的情形。她給我安上的最大罪名，在於我沒有探究我寫作主題中的女性主義內涵（我「未能探究的關聯」）——也就是「父權價值」中的法西斯主義根源，所以進一步辜負了女性主義的良善志業。據我所知，維吉尼亞·吳爾芙是首位將兩者連結在一起的女性，她於《三幾尼》（一九三八年）一書寫下「打擊父權國家的暴政」與「打擊法西斯國家的暴政」是一樣的。此話若是用於廣義概述女性主義，便是說對了四分之三的事實，很鼓舞人心（我於一九七三年發表在《黨派評論》上的文章曾試圖這麼做，文中也引用了吳爾芙的話）。但如果你的主題是法西斯主義和法西斯美學（正如我發表在《紐約時報》上的文章），那此話就只能算是半真半假。

若是將女性主義的熱情應用在特定的歷史主題上，產出的結論儘管為真，卻通常極度籠統。女性主義與所有基本的道德真理一樣，稍嫌頭腦簡單。這是它的力量，但也正如里奇投書中的語言所示，這亦是它的限制。我們同樣得將法西斯主義置於其他不太長期存在的議題脈絡下看待。於是我設法稍微細分，要說我的文章有何優點的話，那就是寫出了這些區別。

里奇想讓我覺得自己是在避重就輕，不願意深談道德問題。她問道：「這些主題談的若非男性主義、陽剛之氣、父權價值，那談的又是什麼？」而這種「這又是什麼」的論點之所以有問題，是因為它們不僅讓人低估歷史之複雜，也令人輕視歷史本身應得的關注。於是我討論的內容被簡化成一種以「時尚潮流」為包裝的純粹「邪教崇拜」。里奇以語言作為「鉗子」，從一定距離之外觸碰這個主題，並提到「所謂的法西斯現象」，彷彿她對這段現實還存有疑竇——而從她的觀點看來，她確實是這麼想的，畢竟在更真實的「父權歷史」之下，這些附帶現象全都算不了什麼。

好吧，假設「納粹德國就是最純粹、最基本的父權形式」好了，那我們又該如何評價德皇統治下的德國？凱撒的羅馬？以儒家為本的中國？法西斯義大利呢？維多利亞時代的英國呢？甘地夫人統治下的印度呢？[24] 男性至尊的拉丁美洲呢？從先知穆罕默德延續到獨裁者格達費（Qaddhaf）和國王費瑟（Faisal）的阿拉伯酋長制又算是什麼？唉，大多地方的歷史都是「父權歷史」。所以我們才必須小心細分，不可能光是以女性主義為針線來貫穿所有解釋。人類史上幾乎所有悲慘遭遇都能當作為女性主義申冤（父權制的蹂躪等）的素材，就好比每一則人生故事都能引發我們反思壽數終有盡及人類願望之虛妄。但若要讓論點能在特定時候發揮影響力，那就不能老是提出相同的論點。

這種冠冕堂皇的態度——要求每項論點都只能得出必勝的強硬結論——已讓部分女性主義人士無法好好欣賞哈德威克最近推出的《誘惑與背叛》（*Seduction and Betrayal*），但該書卻是一本為女性主義史觀注入活水的上佳之作。有人對哈德威克這本複雜著作提出了更具體的指責，稱其內容是在暗中捍衛「菁英主義」(重視才華、天才)的價值觀，而這些價值觀與女性主義倡導的平等倫理水火不容。里奇說女性主義運動「殷切地反對階級與獨裁」，但我卻能聽見這種自以為是的觀點迴盪其中。

那句話，無論是「女性主義價值」的範本，或只是一九六〇年代幼稚左派的遺毒，在我看來都不過是煽動之語。無論我有多麼反對讓特定族群以性別(和種族)為由享有特權，但在我的想像之中，任何形式的人類生活或社會都不可能不存在**特定**形式的權威和階級。我不反對讓長輩握有凌駕於年輕人的些許權威、不反對讓應對民眾負責的公眾人物握有權威，也不反對所有由菁英管理的體制。人類對自身處境存有一種幼稚、感性的幻想，而廢除權威的願望正是其中一環。許多女性主義言論常因只重心理而簡化了歷史，結果就是對心理一知半解，對歷史也只有膚淺理解(可參見朱麗葉．米切爾的批評)。

24. 譯註：指擔任過兩任總理的英蒂拉．甘地(Indira Gandhi)，統治手段強硬。

里奇解釋，她「只盼能見到」我的思想「能在情感基礎的指導下，展現出更深刻複雜的層次。」但在我看來——從我的立場（無論寫作或處世）——我之所以沒能按她期待的姿態去推動女性主義的車輪，實是因為此議題之深度和複雜性與日俱增。儘管她聲明自己「尋求的**不是**宣傳『路線』或『正確立場』」，但這正是她想要的。要不然我怎麼會被指控沒有在我的作品裡關切女性主義呢？（《紐約書評》的文章旨在探討攝影創造的影像世界此一巨大主題，而最近的電影《應許之地》則是省思死亡、記述以色列國現下的悲慘處境。）但我相信，除了消除性別兩極分化之外我們還有其他目標、除去性別創傷之外還有其他傷痕、除去性別身分之外還有其他身分認同、除了性別政治以外也還有其他政治——當然，除了「厭女」價值外還有其他「違反人性的價值」。我這麼想肯定不算是叛徒吧？

就連我寫的女性主義文章（里奇在投書開頭還為之說了些好話）現在也被重新估價了——貶值，因為她覺得我未能持續將女性主義作為自己的寫作和製片重心。該篇文章的標題如今顯得「令人困惑」，暗指我對最新的女性主義辯論文章〈第四世界宣言〉無疑一無所知。（沒什麼好困惑的。《黨派評論》的編輯在接受我的文章後——起初是投稿給《Ms.》雜誌，但因篇幅過長、內容太晦澀而被拒絕——沒有徵求我的意見，便決定將原本的無聊標題〈問卷回覆〉換成了他們自己的蠢標題。）因為我後來的文稿沒有全心奉獻於女性主義志業，於是那篇《黨派評論》的文章如今便「看來比較像是在賣弄智識，而非出自她對自我生活經驗的真實表現與深度覺察」了。

要是里奇（雖然她遠不如我們有些姐妹那般凶狠）真打算搬出反智說詞，那我便自覺有義務宣布，凡是喜好「賣弄智識」者，我必定是支持到底。真理需要各式各樣的努力與投入。儘管我敢說，凡是讀過我作品的人都難以忽視其中的個人色彩，甚至是自傳性質，但我還是更希望我的文章能被視作論證，而非是在「表現」什麼，包括我自己的真實感受。

我對艾德麗安·里奇這位擅於表達憤怒的詩人兼現象學家仰慕已久，比起一些急著將理性生活（連同權威觀念）丟進「父權歷史」垃圾箱裡的自封激進女性主義人士，她已經算是溫和的了。

然而她善意的投書確實也說明了女性主義言論中依舊存在的輕率態度：反智主義。「讀者……應會以為桑塔格是與女性主義站在同一陣線的，」這是里奇的觀察。此話不錯。不過女性主義有個派系提倡思想（「賣弄智識」）及情感（「真實覺察的現實」）之間存在腐敗危險的對立，我確實不願與之為伍。智性的標準美德便是認可道德主張難免具有多元對立的特質，且除了激情之外亦賦予人採取試探、猶疑、超然立場的權利，但該女性主義派系卻對智性抱持著缺乏深度的輕蔑態度，而這正是法西斯主義的根源之一——是我在探討萊芬斯坦現象時想闡述的一點。

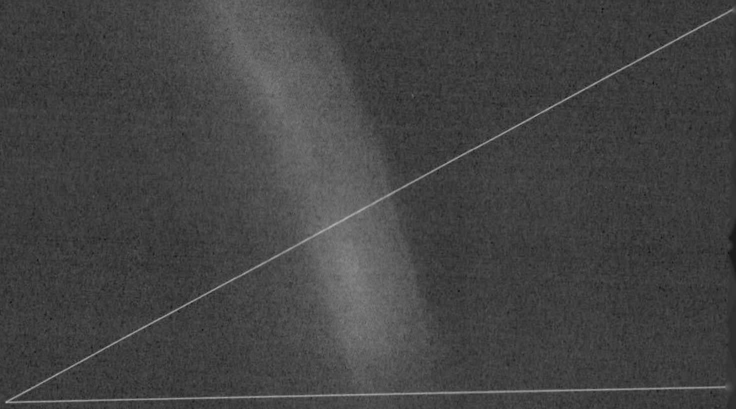

The Salmagundi Interview

《沙爾曼甘迪》訪談

訪談人：你在一九六五年寫成的〈論風格〉一文中，曾寫下：「將蘭妮．萊芬斯坦的《意志的勝利》與《奧林匹亞》稱為傑作，並非是要以美學的寬容來掩飾納粹的宣傳……［但］萊芬斯坦的這兩部電影（在納粹藝術家的作品中屬於別具一格之作）已經超越了宣傳，或甚至是報導的範疇。我們也自覺——當然，是相當不適地——眼前所見的是『希特勒』而非希特勒，是『一九三六年奧運』而非一九三六年奧運。在萊芬斯坦這位製片人的天縱才華下，『內容』漸漸成了純粹的形式角色——我們甚至能假設這並非她的本意。」你繼續寫道：「藝術作品，但凡是藝術作品——不論藝術家的個人意圖為何——根本不能倡導什麼主張。」然而你在數月前發表了一篇有關萊芬斯坦的文章，卻又於文中稱「從《意志的勝利》此片本身之構想來看，便知製片人的美學絕無可能獨立於政治宣傳之外。」以上兩種說法至少是互相對立的。那麼這兩篇文章間是否有何連貫之處？

桑塔格：在我看來，兩者的連貫之處在於，兩種陳述都展現出形式與內容差異之豐富層次，但前提是我們得始終小心檢視、反思這個概念。

我在一九六五年提出的論點是關乎內容的「形式涵義」，近期的文章則是在探討特定「形式觀念」隱含的內容。〈論風格〉的一項主要主張，就是形式主義和歷史主義的作法並非此消彼長，而是相輔相成——兩者也同樣不可或缺。萊芬斯坦的意義正在於此。因為她的作品代表已正式受到譴責的價值觀，所以也能作為形式與內容彼此交流的鮮明測試。我知道《意志的勝利》和《奧林匹亞》可能被當作我整體論點（談內容如何發揮形式之效）的例外，因此看來我有必要指出，就連這類電影也能闡明「內容發揮形式之效」的過程——就如所有大膽、複雜的藝術創作。我談的並非形式如何發揮內容之效的「補足」過程。今年年初，我開始進一步探討萊芬斯坦的作品，並藉由**這種**方法得出了一種更有趣、也更具體的分析成果，這也使得我在一九六五年從其作品得出的概要與形式主義分析相形見絀。〈論風格〉裡有關萊芬斯坦的段落本身而言是正確的，但我沒有談得太深入。雖然她的電影在某種意義上確實超越其承載的宣傳內容，但這些電影具體的特質卻表明了它們的美學觀念本身與特定的宣傳形象是一致的。

我仍在撰寫論文深究自己在〈論風格〉中提

出的藝術與道德感之關聯。但我如今對於藝術品道德作用的理解已不像一九六五年那般抽象。我也比當時更了解極權主義，以及極權主義實際上造就的相容美學。有幾段經歷讓我對形式的「內容」涵義產生了更深的興趣（但我對內容之形式涵義興趣不減），其中之一可說是因為我在寫下〈論風格〉的三年後，觀看了幾部一九六〇年代中國製作的大規模電影。每部電影都讓我聯想到別部電影——比方說，《東方紅》便令我想起蘇聯導演愛森斯坦的《亞歷山大涅夫斯基》（*Alexander Nevsky*）、華特・迪士尼的《幻想曲》、巴斯比・柏克萊音樂劇裡以身體作為物的精製舞步、庫伯力克的《2001 太空漫遊》。上述電影都體現出現代美學想像的一種主要形式。而我在發表萊芬斯坦的文章之後也了解到，德國作家齊格飛・克拉考爾早在一九二七年就曾以〈大眾裝飾〉（The Mass Ornament）一文探討過此種形式，而華特・班雅明（Walter Benjamin）在幾年後作過總結，稱法西斯主義是一種政治生活的美學化。

光說美學即政治，或說美學終究會成為政治仍是不夠。什麼樣的美學？什麼樣的政治？我認為，理解「法西斯美學」的關鍵，在於意識到「共產美學」本身可能是自相矛盾的詞語。所以共產國家提倡的藝術才會如此平庸又僵化。蘇聯和中國的官方藝術若沒有過時得澈底，在客觀上便屬於法西斯主義。法西斯理想不同於只重教條的理想共產社會（把每個機構都轉變成學校），法西斯的理想在於動員所有人投入一種全民的整體藝術（*Gesamtkunstwerk*）：把全社會都變成劇院。這便是「美學成為政治」的極端形式，美學成了謊言的政治。正如尼采所言：「要體驗事物之美，就必得以錯誤的方式體驗之。」十九世紀，尼采和王爾德等有意挑釁和顛覆既有價值的思想理論家闡釋了「美學世界觀」，其優點之一，正在於它被視作最慷慨和最熾烈的觀點，是一種超越政治的文明形式。但二十世紀法西斯主義的演變告訴我們，他們錯了。從結果看來，「美學世界觀」對法西斯主義明確表現出的許多不文明思想與不合宜的渴望極其友善，而這些思想也很盛行於我們的消費文化中。然而很明顯——中國已經非常清楚表明——在**堅定的**共產社會裡，其道德主義不僅消去了美學的自主性，更使藝術（現代意義上的）生產變得根本不可能。一九七三年那趟為期六週的中國之行說服了我——若說我還需要被說服的話——

美學的自主性是值得我們保護與珍惜的，因為美學是智識不可或缺的養分。但活過一九六〇年代這十年（期間道德與政治激進主義已不可避免地轉變成「風格」），也讓我認識到過度概括美學世界觀的危險。

我仍然會主張，一件藝術品，作為藝術品，不能倡導任何主張。實際上，但凡藝術品都不會只是藝術品，所以事情往往更加複雜。在〈論風格〉一文中，我試圖重新詮釋王爾德藉《格雷的畫像》（*The Picture of Dorian Gray*）一書序言（其蓄意挑釁傳統的藝術道德觀）呈現的真理，也重新探討荷西．奧德嘉．賈塞特（José Ortega y Gasset）在《藝術的非人化》（*The Dehumanization of Art*）裡是如何以警醒而誇大的筆調來反對庸俗主義[25]——然不同於王爾德和奧德嘉，我沒有默許將美感與道德反應拆分，或實際上視兩者為互相對立。在寫下〈論風格〉的十年後，這仍然是我的寫作立場。但如今我的骨幹在歷史理解的滋養下已生出更多血肉。雖然我仍一如從前痴迷於美學、執著於道德，但我已開始意識到，在沒有更深厚歷史背景概念的情況下，單靠美學家或道德家的觀念來一概而論，都有其限制——也太過輕率。

既然你已經對我引用我自己說過的話了，那麼也請讓我引用我自己的話來回應你。我在一九六五年的文章中寫道：「欣賞藝術者向來只有在特定歷史時刻才將風格視為藝術品中可以分開探討的爭議元素——於是掩蓋了其他備受爭議的議題（最深層的就屬倫理和政治）。」我最近正在撰文進一步具體闡述這點——畢竟這點在我自己與他人的作品中都有體現。

訪談人：詩人艾德麗安．里奇撰文抨擊那篇以萊芬斯坦為題的文章，稱內文漠視女性主義的價值，對此你答道：「若是將女性主義的熱情應用在特定的歷史主題上，產出的結論儘管為真，卻通常極度籠統……唉，大多地方的歷史都是『父權歷史』。所以我們才必須小心細分……人類史上幾乎所有悲慘遭遇都能當作為女性主義申冤……的素材，就好比每一則人生故事都能引發我們反思壽數終有盡及人類願望之虛妄。但若要讓論點能

25. 譯註：庸俗主義（Philistinism），係指一種貶低藝術、音樂或文學等高雅文化的反智主義。

在特定時候發揮影響力，那就不能老是提出相同的論點。」[26] 然而，什麼時候才能提出此觀點？有沒有哪些特定事件、「運動」或藝術品是更合理的女性主義批評主題？

桑塔格：我希望大量的女性與男性都有辦法指出在我們社會中橫行於語言、行為及形象的性別主義刻板印象。要是你所說的女性主義批評是指這個，那麼無論何時實踐——無論多麼粗糙——這麼做都總是有價值的。但我還是想看到一同支持女性主義的知識分子能以自己的方式在這場抵抗厭女的戰爭中盡一份力，在他們的作品中暗暗留下女性主義的蹤跡，但不會因此被姐妹們指控自己背棄信義。我不喜歡僵化的意識型態，因為這只會讓思想變得單調、毀壞文筆。讓我來簡單說明一下——但願不要顯得太哀怨才好。智識任務分成許多種，論述也具有不同層次。要說真有「合適性」的問題，那原因並不在於有哪些事件或藝術品是屬於比較「合理」的目標，而是因為公開論述者具有選擇權——他們能自己決定想要提出的論點數量及討論深度，並且也應該行使這樣的權利。他們還得選擇觀點的受眾與表達觀點的時機與形式。里奇怨我沒有指出納粹德國畢竟是性別主義與父權社會的巔峰。當然，她認定了萊芬斯坦電影體現出的價值就是納粹價值。我也一樣。所以我才想討論以下問題：萊芬斯坦的作品在**何種意義**上體現納粹價值？這些電影——還有《最後的努巴人》——**為什麼**既有趣又動人？在納粹意識型態之中，在從馬丁．路德到尼采、再到佛洛伊德與榮格的德國知識及思想界的主要傳統之中，女性都是受到貶低的，讓我假設文章讀者早就知曉這些，應該不為過吧。

我們該重新審視的並非女性主義批評要應用於何處比較恰當，而是批評的層次——它打著道德團結之名，要求簡化智識上的論述。這類要求已讓許多女性相信，對「品質」提出質疑是有失民主的——女性主義論述若是夠強硬，質疑其品質就不民主；藝術創作若是夠溫情、夠自我表露，質疑其品質也不民主。在現代主義的抗爭運動中，無論是藝術或道德領域，對知識分子的仇恨都是

26. "Feminism and Fascism: An Exchange," *The New York Review of Books*, Vol. XXII, No. 4, March 20, 1975.

反覆出現的主題。這種仇恨雖然實際上相當不利於政治行動的成效，看起來卻像是一種政治聲明。前衛藝術及女性主義都曾經大量使用（有時似是在拙劣模仿）失敗政治運動的語言。一九一〇年代的前衛藝術繼承了無政府主義的論調（並將之重新包裝成未來主義），同樣地，一九六〇年代的女性主義也繼承了另一套日漸式微的政治論述，亦即**激進左派**（*gauchisme*）。[27] 新左派論戰的一個共通點，就是他們總認為階級與平等、理論與實踐、智識（冷漠）與情感（溫暖）彼此都勢不兩立。女性主義者往往會延續這種對階級、理論和智識的庸俗化論述。一九六〇年代被斥為資產階級、壓迫及菁英主義的事物，如今也被他們認定為與父權掛勾了。從短期來看，這種借來的戰鬥能量似乎有利於達成女性主義的目標。但這也意味著向幼稚的藝術及思想概念投降，亦助長了真正具壓迫本質的道德主義。

訪談人：一九六七年，你寫了一篇長文稱讚瑞典導演英格瑪．柏格曼（Ingmar Bergman）的電影《假面》（*Persona*）。[28] 自那之後，卻越來越多人開始抨擊柏格曼為世界電影裡技術上的反動力量。女性主義批評家則說他的電影經常投射女性的「負面」形象，這無助於鼓舞那些需要正面身分形象的人。你是否也抱持同樣觀點，認為柏格曼無論在美學或政治上確實都是反動藝術家？

桑塔格：我非常不願意抨擊別人為反動藝術家。特定國家（是哪些國家我們心照不宣）高壓、無知的官僚便好用這個詞作為武器；他們也常將「反動」與悲觀的內容或（用你引用的話來說）不提供「正面形象」混為一談。由於我極度重視藝術多元特質和政治派系的好處，所以我對「反動」和「進步」這兩個詞非常敏感。像這樣為別人貼標籤只是在敦促人們配合特定意識型態，助長不寬容的立場（儘管這並非人們最初創造這些詞彙的本意）。至於柏格曼，我想說的是，若我們只能從他的作品中看見這種對女性的「新史特林堡式」觀

27. 譯註：「Gauchisme」為法文的「左派」之意，但帶有貶意。此詞於二十世紀中葉常用來形容極端激進的左翼思潮，尤其用來貶斥過於理想主義、不妥協或不切實際者。

28. In *Styles of Radical Will*, Farrar, Straus and Giroux, 1969.

點，[29] 那就等同於拋棄了藝術的理念和複雜的評判標準（若態度正確才是最重要的，那麼俄國導演艾布拉姆．羅姆［Abram Room］的《床和沙發》［*Bed and Sofa*］就會因為內容充滿動人的女性主義直覺，而顯得比普多夫金的大男人史詩片《成吉思汗的後代》［*Storm over Asia*］更厲害了）。

對柏格曼的嚴厲指控只是在顛倒常見於許多女性主義批評的寬鬆標準。最近確實出現了幾部由女性製作並且傳遞正面形象的電影，但對於在品評電影時只重視影片中是否作出道德補償的批評者來說，點出這些電影的糟糕品質肯定顯得很勢利。要是我們抨擊某人提供的內容「無助於鼓舞」人心，還說他是「技術上的反動力量」、稱其「守舊」來加大譴責力道，這會有什麼結果？（這些批評者想必是欲藉此表明自己的行為不像古板的文化委員。）我不會說柏格曼老派。不過，雖然《沉默》（*The Silence*）和《假面》這兩部他最優秀的電影中有些創新出色的敘事手法，但其作品並無後續發展的潛力。柏格曼是個過度執著的藝術家，最不值得仿效的那種。柏格曼和美國作家史坦（Gertrude Stein）、英國畫家培根（Francis Bacon）及匈牙利導演揚佐（Miklós Jancsó）一樣都屬於走入了「藝術死路」的天才，他們都具備強烈得令人難忘的風格，並能運用有限媒材達到極高成就——有靈感時便能提煉這些素材；但若沒有靈感，他們便只會自我重複及模仿，甚至到了顯得拙劣的地步。

訪談人：許多人都觀察到這樣的「駭人」現象：大多數偉大的藝術家往往是堅守保守的價值觀，他們比較依戀過去，對未來事物的感受反而沒這麼熱情。藝術品是否具有某種特質，幾乎讓創作者有必要與自己所處的世界維持一種注重保存（因而保守的）關係，即便他們積極投身於「激進」的運動？這樣看來，無論藝術家個人的政治立場如何，藝術本身在客觀上就是保守的，因此可說是反動的……

桑塔格：又要談「反動」了！這感覺像是同一

29. 譯註：指的是瑞典劇作家史特林堡（August Strindberg），其作品常被冠以「厭女」的稱號。此處的原文「新史特林堡式」（neo-Strindbergian）指的是現今與之相似的觀點。

道問題換句話說，不過我會試試看用不同的方式回答。我不覺得藝術家有什麼特質會使之比一般人更保守或更反動。保守為什麼就不能是人之常情呢？「過去」在人的意識軸線上本來就具有更重的分量，這大概比較像是個人的包袱，而非整個社會的負擔，但這種情況怎麼可能反過來呢？這又有何駭人之處？對正常事情大驚小怪只是在煽動人心罷了。我們意識到自己處於歷史長河之中，身後有著無限厚重的過去，當下占有的只不過是如刀片般的薄薄一瞬，而未來 —— 唔，姑且就說是「充滿問題」吧。這實在再正常不過了。把時間分為「過去」、「現在」及「未來」，便是在暗示現實可分為三個等分，但「過去」實際上才是最為真實的。而未來無可避免地就是損失的累積，死亡則是我們一生的必經之途。若說藝術家是記憶的專家、編排意識的專業策展人，那他們不過是在刻意、痴迷地實踐著一種典型的虔誠態度。生命經驗確實是傾斜的，記憶比遺忘更具分量。

責怪藝術家與世界的關係不夠激進，本質上就是在抱怨藝術本身。而在各方面而言，責備藝術便等同是在斥意識本身為一種負擔。正如黑格爾一派的古雅說法，意識只能透過對過去的感知來意識自身的存在。而藝術即是「過去」在當下最普遍的狀態。從某個角度而言，成為過去就是成為藝術（最能體現這種突變的藝術便是建築和攝影）。所有藝術品散發出的感染力都來自於其歷史情境、來自其形體上的衰敗與風格退化、來自其神祕感，部分（且永遠）藏住的祕密，也可說是僅來自我們對每一件作品的意識，認知到沒有人會（或能夠）再產出**一模一樣**的作品。也許藝術品**本非**藝術，藝術品只能在作為過去的一部分時才能**成為**藝術。在此種規範下，「當代」藝術作品便是一種矛盾——除非我們能在當下將「現在」融入「過去」。

訪談人：但還是有眾多當代解放主義者、各式各樣的激進人士都要求藝術品必須創新，必須擺脫其自熟悉的物質世界承襲的物件和陳設。

桑塔格：可是這難道不像是在要人剝去自己的皮膚嗎？要求藝術家捨棄自己的玩意（亦即世界），難道不就表示要他們不再作藝術家嗎？這種捨棄一切的天賦必定罕見至極。這麼做的好處也還有待證實。這些人提議將澈底掃除過去作為根除療法以及藝術（再延伸至政治）的目標，這樣一來，「解放」可能就有很大的限制。也就是說，這個做法比起我們擁有的各種可能性倒顯得退步（而即便文明嘗試協調各種可能性，卻根本無法取悅所有人）。我們若是憑藉這種非辯證的方式來追求解放，那麼要付出的代價至少會和我們為維持現有文明而付出的代價一樣沉重。如果在「重戒備的自由幻象」和「現有文明社會的腐敗」之間我們非得選擇其一，那便只能盡快設法讓這個選擇不要那麼嚴酷。我們發現，這兩個選項的道德缺陷似乎就與一世紀以前相同——那時小說家亨利·詹姆斯（Henry James）早就在《卡薩馬西瑪公主》（*The Princess Casamassima*）中展現先知灼見，憂傷地解析我們一九六〇年代後面臨的文化困境，書中虛構的倫敦無政府主義者預見的正是美國的新左派和反文化思想體系。這點也發人深省。

你談的似乎是經典現代主義對藝術的要求（革新〔Making It New〕），只是多了層政治色彩，但在詩人龐德的這項現代主義訴求和近期的呼聲之間，唯一的區別就是如今多了激進的政治立場，而我不確定該不該從表面來解讀用以傳達此政治宣言的語言。去檢視一下那些似是在呼籲讓文化淨如白紙、自詡立場激進的人吧，你大概會發現他們很少如自己暗示的那樣支持現代主義。在我看來，你形容此類抗議的方式似是把「受道德驅使的政治激進主義（號稱是『好事』）」與「無關道德、只管反抗過去（但其實完全無助於改變現狀）的態度」混為一談了。許多激進的異議都是受到某種復原主義的動員——人們盼望能重建已被消滅的集體愉悅和公民美德，好讓我們的消費社會有望成為如假包換的「白紙」。就以安迪・沃荷（Andy Warhol）為例，在汰舊換新已成常態的經濟體中，他就是帶有理想被動態度的化身，不過以你的形容來說，他也可算是立場激進了。

訪談人：社會學家菲利普・里夫（Philip Rieff）說過：「美國和英國的知識分子正前所未有地全面改變立場。許多倒戈的人都並未意識到自認為文化菁英的自己實際上已成佛洛伊德所謂『本能群眾』（instinctual mass）的代言人。」這句話你怎麼看？拿你本人在一九六〇年代中期撰寫的文章來說，你嘗試讓流行文化與菁英之間的關係變得更為輕鬆，你會說你已經「倒戈」了嗎？

桑塔格：（大笑）

訪談人：什麼？

桑塔格：我當然不會這麼說。

訪談人：唔，那你覺得區分「文化菁英」和「本能群眾」是有用的嗎？

桑塔格：不，我覺得作此區分是很庸俗的。這麼做忽略了文化在「描述上」的樣貌和「應有」樣貌之間的差異，故也無法賦予「文化菁英」和「本能群眾」恰當的具體意義。「文化」在很多方面並不等於「菁英」（菁英總之是存在的——還不只一個）。而且我也不認為「本能」和「大眾」就該搭配在一起——雖然心理學家勒龐（Gustav Le Bon）和佛洛伊德都這麼說過。這樣的區分帶有對本能的蔑視、以輕率的悲觀主義看待人群，也對藝術（與思想區分）缺乏熱情，而我自己的本能、悲觀主義及熱情都對此不以為然。

我們很容易就對無知的群眾感到憤怒，指責其他知識分子倒戈加入敵人陣營，這完全可以理解，不過知識分子若想捍衛我們病懨懨的文化，就更該按捺住這種衝動。若說我對談論文化菁英為何有所遲疑，那並非因為我不關心文化，而是因為我覺得這個概念幾乎無用，應該被淘汰。比方說，這概念無法解釋我在一九六〇年代中期（在不同文化層次、不同菁英間長達一世紀的交流中，這是個特別鮮活的時刻）於寫作中探討的文化融合。早期的現代主義者，如法國詩人韓波（Arthur Rimbaud）、俄國作曲家史特拉汶斯基（Igor Stravinsky）、法國詩人阿波里奈爾（Guillaume Apollinaire）、愛爾蘭作家喬伊斯（James Joyce）及英國詩人艾略特（T.S. Eliot）便已展現出「高雅文化」能如何吸納「低俗文化」的片段（像是《荒原》、《尤利西斯》等）。至一九六〇年代以前，大眾藝術（特別是電影和搖滾樂）也早就開始採用爭議主題與一些「困難」技法（如拼貼），此後這些便一直是文化菁英獨享的專利。這裡的文化菁英姑且可說是受過大學教育、常上博物館、喜歡欣賞前衛藝術或實驗藝術、具備國際視野的觀眾。低俗文化是高雅文化現代主義轉型的重要因素；現代主義的感受力已為大眾文化開拓了新疆域，最終也為之吸收——這些都是關心文化者不可忽視或絕不能不嚴肅看待的主題。試圖理解某事（在此例中，是指至少自波特萊爾以來便一直在進行的文化演變過程），是否就等同於使之合法化？但其合法性根本不必由我提供。我們到一九六〇年代便不再只認定「關乎世界歷史的戲劇大作」才算是文化，並能仰賴當代經驗，體認到自英國詩人阿諾德（Matthew Arnold）在「多佛海灘」上佯裝鎮定之後，[30]高雅文化的命運已變得複雜許多，而我們也能不帶憤恨樂觀其成。但到一九六〇年代才這麼做，似乎已算相當晚了。在我看來，里夫區分兩者時暗含的文化概念非常平庸，只有對從未真正沉浸於當代詩歌、音樂及繪畫中，或從未從中獲得強烈樂趣的人來說才合理。這裡談的文化就代表藝術嗎？（那又是何種藝術？）能代表思想嗎？藝術和思想不盡相同，文化也不全是任一者的同義詞。「文化菁英」和「本能群眾」這類保守標籤並無什麼實用資訊，也無法告訴我們該如何保護「高」標準這種瀕危價值。以如此沾沾自喜的態度籠統診斷文化病症，本身就是一種病症，而非解方。

訪談人：一九六四年，你於〈敢曝札記〉一文中寫道：「我強烈受到敢曝的吸引，但幾乎也是同樣強烈地感到被它冒犯。正因如此，我才想談論它；也正因如此，我才可以談論它。」你繼續寫道：「若要為一種感受力命名、描繪其輪廓，並講述其歷史，便需要一種帶有厭惡的深切共感。」你能否為我們再深入說明這種共感／厭惡的雙重態度，尤其可說明這與你所謂特定女演員展現出的「老套、浮誇女性氣質」有何關聯？而這種態度與你的女性主義感受力又有何關聯？

桑塔格：正如最近有關攝影的幾篇文章，〈敢曝札記〉也是源於我相當籠統的揣測。如何「為一種感受力命名」、如何「描繪其輪廓、敘述其歷史」是我首先提出的問題，接著我便從此出發找尋例子與模型。我決定不挑選那些早已被人冠上滿滿倫理或美學意義的「特定感受力」，改為探索一種帶有異國情調、明顯居於次位、甚至遭人鄙視

30. 譯註：〈多佛海灘〉（Dover Beach）為阿諾德的詩作，其中透出一種對文化和信仰漸失的哀嘆。

的感受力，因為這麼做似乎更加有趣——畢竟「感受力」本身相當奇特的概念向來受人輕忽，大家更喜好「思想」這種比較條理清晰的虛構概念。

我的首選原本是人們對死亡主題的病態執迷。我有段時間都在探索此題，想好好爬梳我長久以來對葬儀雕塑、建築、銘文及其他同類型哀怨傳說的興趣，最後也將成果雜沓地融入了《死亡之匣》（*Death Kit*）和《應許之地》。但此題材太過細密、講起來很繁瑣，於是我轉向了敢曝，而敢曝的優點就是為人所知但又罕有人注意，我也可以用更快速、更好理解的方式闡述。我知道敢曝是一種很多人都知曉的感受力，雖然他們可能不知其名。至於我自己：既然我決定要寫「敢曝札記」而非「死亡札記」，我也就順勢讓敢曝的風趣之處稍稍軟化我的嚴肅態度，變得更輕鬆合群，沒有更放任死亡主題像平常一樣不時霸占我的那部分腦袋。比起病態的主題，敢曝更難以清楚定義。可敢曝其實是很豐盈的例子，證明感受力也能具有不同的涵義、可能潛藏著比表面上更複雜（通常也不同）的內容。

這也讓我開始思考起自己的矛盾心理。我一向流連於舊有文化的墓地，享受著敢曝品味將死物復活後藉諷刺手法帶來的衝擊，就如同我在真正的墓地裡、在鄉間道路上、在三大洲的各城市中停步向真正的死亡致敬。而正是這種迂迴的本質才使得有些景色令人著迷，有些令人嫌惡。我對你挑出的這個主題——戲謔表現女性的手法——通常是興趣缺缺。但我不會說自己就是討厭這主題。因為我其實常常從中尋得樂趣，也能於需要時找到解脫感。我覺得，誇飾女性特質的敢曝品味在誇大這些印象、將其置於「引號」之間強調時，確實有助於破壞某些女性刻板印象的可信度。將女人的本性弄成老套陳腐的樣子，正是與刻板印象拉開距離的一種方式。敢曝與美的極端感性關係對女性並無助益，但諷刺的是：以諷刺手法來呈現性別卻是走向消除其二元極化的一小步。就此意義而言，一九六〇年代末女性主義意識之所以高漲，敢曝品味在一九六〇年代初期的傳播或許可謂功臣（儘管是無心插柳）。

訪談人：那梅．維斯呢？她是傳統的性感女星，但她對觀眾的影響力看來並不如你所說。對此你有何看法？

桑塔格：我覺得她確實有此影響力。先不論她是不是以最老套的尤物人設出道，她都是以新式性感女星之姿成名——也就是說，她創造出這種形象。她的風格不同於後來令觀眾不忍卒睹的莎拉・貝娜，梅・維斯打自一開始就被視作一種逗趣的模仿。刻意讓自己受這種強烈、尖刻、粗俗的戲仿所迷惑，是唯美主義在長達一世紀的演變（及漸進民主化）過程裡的最後一步。《敢曝札記》對其更廣泛的歷史與涵義有粗略描寫，不過在約莫五十年前「敢曝」一詞出現的時代背景下，人們對其演變的認識最為深刻（雖然俚語學界對「敢曝」（camp）一詞的起源和對「O.K.」一樣尚無定論，但我認為其源頭為「*camper*」，而《牛津法語詞典》將其翻譯為「大膽展現」）。而某種女性刻板印象的解構正是始於一九二〇年代，這股風潮藉著嘲諷的方式衝撞性別主義，與當時的女權呼聲（提倡為女性伸張正義和給予補償）相輔相成，而此類呼聲在一八九〇年代便已可見於蕭伯納（George Bernard Shaw）的文章和喬治・吉辛（George Gissing）的小說《剩女》（*The Odd Women*）。我想表達的是，當今的女性主義意識有著悠久複雜的歷史，男同性戀品味的傳播亦是其中一環——包括男同志有時對「女性」的無知貶低和瘋狂敬意。女性主義者不像他們的部分敵人一樣很快就意識到這點——以溫德姆．劉易斯（Wyndham Lewis）寫於一九二〇年代末的小說《兒童彌撒》（*The Childermass*）為例，這則旨在抨擊的故事含有一篇長篇演講，講述同性戀與支持女性參政者是如何共同顛覆女性及男性的天性（他甚至罵同性戀是「女性主義革命的分支」）。劉易斯將兩者聯繫起來並沒有錯。

訪談人：你於一九六七年撰寫的〈色情想像〉（The Pornographic Imagination）一文裡，稱小說《O 孃》（*The Story of O*）裡的女主角「同時走向身而為人的滅亡與作為性個體的圓滿。」你接著問道：「有誰真的能憑經驗篤定，在『自然』或人類意識中有什麼能夠證明此種身分的分歧。」在我看來，這種為了性滿足而失去自我的故事，也許會被當作新女性主義意識的寓言。也就是說，為了換取「身為女人的圓滿」，女性常得放棄作為自主個體的身分。你同不同意，《O 孃》的寓意也許比你在一九六七年所見還要深遠？而我們又能否用女性主義的觀點來豐富這本書的意義，視其為一部特殊的政治著作？

桑塔格：就連沒前途的素材也能讓我們從中汲取有用教訓，這點我同意。不過在我看來，O的命運卻不太像是寓言，不像是在講述女性主義意識，或者簡單說，也不像是在講述女性自古以來被打壓的處境。從以往至今，我對《O孃》的興趣都在於其坦然面對性幻想的惡魔之面。想像力的暴力在故事裡備受稱頌（且毫無譴責之意），我們不能只用主流女性主義的樂觀態度和理性觀念看待之。情色作品的烏托邦思維就如多數科幻小說，是一種消極的烏托邦。由於向來大多是男性作家才堅信性是一股（潛在及理想上）具有破壞力、有違常規的猛烈能量，所以人們普遍認為這種形式的想像必定是對女性的歧視。但我倒覺得未必（也可能是對男性的歧視，法國的女性主義理論家莫妮克．維蒂格［Monique Wittig］便曾稱頌無拘無束的性能量）。

〈色情想像〉一文與其他講述色情生活者的不同之處在於，前者將性視為一種極端情況。也就是說，色情創作的內容明顯是相當不切實際的。性能量並非源源不絕；性行為也不可能不知疲倦地一再重複。但從另一個意義來說，色情作品卻能以粗魯筆法精準描寫欲望的重要現實面。縱欲確實意味著屈服；而性屈服（若能懷著足夠想像力追尋之、足夠無節制地體驗之）確實會削弱個體的自豪感，也讓「意志終能獲得自由」的信念落空——以上都是性本身的真實面，也是性可能會自然走向的樣貌。全為肉欲而活也可謂一種**苦行**，所以只有極少數女性及男性能追求享樂到此種極端地步。然而，對性末日的幻想算是夠常見了，這無疑是種增強性快感的方法。我們也因此更加理解強烈快感的非人性特質，但以人文主義為基礎的「修正主義」佛洛伊德學說（大多數女性主義者都接受這一派系）仍忽視這點，他們看輕了無意識或非理性情感那股無法駕馭的力量。

你提議從政治角度來解讀這本書，以取代我探討「『自然』或人類意識中」存在些什麼的初步想法。但我還是會堅持當初的揣測。人類性衝動的運作方式似乎本來就存在某種缺陷或自我挫敗的特質——比方說，性能量和痴迷之間就有著根本（亦即常態的）而非偶然的（亦即與精神狀態有關的）關聯。看起來，我們性個體的圓滿發展很可能真的無法與意識的圓滿發展共存。與其論斷我們所有的性不滿全都是性為了維繫文明而付出的代價，也許更準確來說，我們生來就是病態的——而正是我們的存在，尼采稱為「病態動物」的存在，驅使我們成為了創造文明的動物。

性滿足的王與個人意識的王國所著眼的抱負原本便有別，而現代世俗文化廣泛出現性的現象，也讓兩者的差異更形明顯。而隨著宗教體驗的威望下滑，情欲體驗的重要性也高漲起來，甚至可謂意義重大。但不僅如此，如今情欲體驗本身也得達到一套標準才算是可靠（於是人們對性表現也生出了一種新型焦慮感）。尤其是，當今完整的靈性臣服體驗已不再局限於傳統的宗教形式，所以世人對此種體驗的追求也越來越渴切地依附於性高潮的震撼之感。《O 孃》故事裡誇張、戲劇化的性圓滿神話，便與現代這種奇異的「否定法」（*via negativa*）論證有關。[31] 在我們的文化尚未完全世俗化之時、在從古至今的其他文化之中，從有關感受及性愛品味的證據可見，人們很少會將縱欲作為一種超脫個人意識的工具（organon）。興許，性唯有在被賦予這種意識型態重擔的時候（就如現在），才會真正危及人格與個性（而非只是潛在威脅）。

訪談人：社會學家里夫在著作《教師同仁》（*Fellow Teachers*）裡寫道：「要形成真正的批評，首先便得重申已知的事物。優秀的教師因為身懷已知的知識，所以能夠傳承給學子；此種本質是教師不容撼動的絕對權威。學子若無法認可此種權威，便稱不上是學子。」顯然，里夫提及的這種「源自權威的知識」並無關乎專家學者的實質專業內容。你覺得他這番話是什麼意思？你是否同意，根據里夫的定義，在我們的高等教育機構中，真正稱得上是學生的人已經很稀少了？

桑塔格：根據那樣的定義，真正的學生實屬珍稀。但數量可能還算是綽綽有餘，因為——同樣是根據里夫的定義——教授大概也**不存在**。書上所援引的教授權威可追溯到德皇威廉統治下的德國。大家都很清楚，規範性意義上（理想標準

31. 譯註：「否定法」（via negativa）原為一種宗教或神祕主義的概念，係指透過否定或摒棄來理解真理。最常見的例子，便是在定義「神」時，應說出神「不是」什麼，而非說出神「就是」什麼。此概念應用在《O 孃》的故事上，指的應是放棄自我（尤其性方面的臣服），來追求某種精神或心理上的極致體驗。

上）的學生（認真、有才華的好學之士）很少，描述性意義上（實際情形上）的學生（出現在課堂上的人）則多上許多，而通識教育承擔的作用，正好亦讓我們比上一代更難以在不遭學生反彈的前提下傳授所謂的困難書籍，還有闡述複雜的想法。但里夫的誇大其詞並未使他反對大眾教育的理由更有說服力。在西方的知識史上，學院教師何時有過「不容撼動的絕對權威」了？就算是在信仰盛行的年代——我們可能會以為不容違逆的模範學究比比皆是，但仔細觀察就會寬慰地發現，當時仍充斥著異議與非主流的觀點，而人們也會質疑「已知」的事物。光靠命令及權威並無法恢復教師職位（如今已無可逆轉地世俗化，不再受到宗教影響，且傳播著多元豐富的「傳統」）的絕對權威，當今無論是教師還是傳授的內容都不具此種權威——甚至在過去也沒有。

歷史上確實存在降低高等教育標準的壓力，但光靠賦予這些詞彙應有的定義（說教師是具有教學權威者，說學生是接受教師權威者）並無法緩解壓力。也許我們應將里夫的定義看作是一項證據，證明了以維持最高標準為志向的鬥爭終究是無望。如果大學一流教學品質的低落真的不可逆轉（事實大概也是如此），那麼在這種局勢下，自然會有人出聲捍衛舊制度（*ancien régime*），這點從前述「偉大教師」和「偉大學生」的空洞定義可見一斑。里夫的大學威權理論已不符當代情境，但他卻利用該理論不合時宜的特性來闡述論點，這類似於十九末至二十世紀初時德國和法國提出的資產階級國家威權理論。傳統上，教師的權威是來自於特定的教義（或「傳授的內容」），然而這裡提出的，卻是一種非常現代、內容空洞的權威概念：不是《尼西亞信經》（*Nicene Creed*）那種權威，而是來自於權威本身的權威。教師權威的本質已然遭到侵蝕，徒剩下形式。權威本身（里夫所稱的「本質」）是偉大導師的必備條件。也許，人只有在沒有、也不可能擁有權威的時候，才會提出如此妄自尊大的權威主張。就連毛主義在探討領袖與群眾之間的關係時，也認為偉大教師的權威不僅來自於權威本身，更是來自其智慧——而在毛主義推崇的智慧裡，一項要件就是顛覆「已知事物」的能力。里夫雖然自以為是在抵制未開化的學生，以捍衛西方活動及高雅文化的主要傳統，但他提出的教師概念卻與毛主義的教育學論點更為相似：其表述與毛主義一樣，都是以輕蔑態度看待思想的獨立地位。

在我看來，側重權威的概念來定義教師，似乎遠不夠滿足里夫所提倡的菁英教育標準。那樣的定義只能滋養痴心妄想、助長個人威風，但這點還算相對不重要；重要的是，它幾乎忽略了教師的所有美德。像是我已經提到過的智慧，還有蘇格拉底式的教育熱忱。謙遜就先不談了，因為說謙遜也許太過誇張，聽起來也可能過於矯情。不過，我們還能談談懷疑的精神。

如果一個受過良好教育的人能對自己「身懷」的知識抱有一點懷疑態度，這可能會特別有幫助——可以讓自己忍住不要變得自以為是。我像里夫一樣，有幸能在哈欽斯時期的芝加哥大學，[32] 在本國史上最有野心、最成功的專制教育計畫下讀完學士班，我想，我和他差不多，也支持這樣的非選修課程。但我知道，人們對於何謂「偉大」的書籍和何謂「永遠待解」的課題一旦達成穩定的共識，那這些書籍與課題往往終究會淪為庸俗之物。思想真正的生命力總在於探索「已知事物」的邊界。那些偉大的書籍不僅需要有人保管與捍衛。要存續下去的話，它們還需要對手。最勾人興趣的想法永遠都是打破常規的。

訪談人：容我把〈色情想像〉一文與你那篇談萊芬斯坦的文章作個比較。後者討論的是威權主義藝術美學。那《O孃》算不算是威權主義作品？還是其實是諷刺威權之作？這則談女性澈底屈服的故事，與萊芬斯坦那種大力宣揚臣服於全能領袖的作品之間是否有關聯？

桑塔格：我覺得《O孃》並無諷刺意味，無論是針對威權主義，還是針對薩德侯爵式的文學傳統（小說刻意以當代視角來細密重現薩德式主題，但未能突破其限制）。這能算是威權主義作品嗎？《O孃》與納粹色情化政治之間的聯繫純屬偶然——無關這本書、無關只以筆名示人的作者意圖——無論我們現在有多麼容易將兩者聯想在一起，尤其在施受虐的性愛戲碼開始出現納粹元素以後。還有一個值得注意的區別：政治事件（現實或電影中）與私生活（現實或虛構）色情之間

32. 譯註：哈欽斯（Robert Maynard Hutchins）於一九二九至一九四五年任芝加哥大學的校長，並於一九四五至一九五一年任該校名譽校長，期間曾主持通識教育改革。

的區別。希特勒在使用性隱喻來表達領袖權威和群眾服從時，視侵犯為領袖的特徵，也就此把群眾**比作**女人（但O只是一名女人，而這本書所寫的是以色情來救贖個人，就如各種形式的神祕主義及新神祕主義，這是深刻違反政治的）。若拿真實情欲情境中的服從和滿足來與希特勒的觀念作比較，就會發現後者將領袖比作強暴、將信徒比作如臣服的情欲化概念是虛假不實的。

「概念」（以比喻來傳達）與「經驗」（無論真實或虛構）之間是有區別的，而現代政權曾使用過種種比喻來創造全面的意識型態共識，這些比喻與現實的貼近程度也各有不同。共產主義在看待領袖是如何帶領群眾時，並非以性主宰作為隱喻，而是援引師生關係：擁有權威的教師，以及接受老師教誨的群眾。這項隱喻讓毛主義言論顯得非常誘人，其魅力與納粹論調令人作嘔的程度不相上下，但結果可能就是讓這套系統更能全面掌控群眾的身心。法西斯主義的色情化政治畢竟是一種偽色情主義，而共產主義的教育政治則是真實有效的教學過程。

訪談人：一九六五年，你以〈災難之想像〉

（The Imagination of Disaster）為題撰寫了一篇文章來談科幻電影。[33] 自那之後，你是否曾也以科幻小說作為思考題材——例如英國作家亞瑟．克拉克（Arthur Clarke）於小說《童年末日》（*Childhood's End*）中提出的智力概念？你能說說〈災難之想像〉和〈色情想像〉的關聯嗎？是否也能請你談談法西斯美學中領袖和信徒之間的關聯？

桑塔格：那篇文章，還有其他文章，都可算是我談威權情緒及感知模式的其中一個階段。而同樣的論點不僅能在我的議論文裡找到，也出現在我於瑞典拍攝的兩部片《食人者雙重奏》（*Duet for Cannibals*）和《卡爾兄弟》（*Brother Carl*）。我最近還發表了兩篇虛構故事〈舊怨重談〉（Old Complaints Revisited）和〈傑基爾博士〉（Doctor Jekyll），藉此探討領袖與追隨者的私生活。科幻小說——我盼著有天能以此為題寫篇出更好的文章——充斥著威權思想，而這類思想與其他誕生於當代情境（如色情作品）的思想有諸多共同處，

33. 載於 *Against Interpretation*, Farrar, Straus and Giroux, 1966.

這也闡明了威權主義的各式典型想像。科幻小說經常代表威權闡述其對智識的理想，而克拉克的寓言正是有力的例子之一。浪漫主義人士向來是反對「刺客思維」的，這場抗議自十九世紀初起便一直是藝術及思想的一大主題；而隨著技術官僚、純粹工具性的思維模式於二十世紀興盛起來，讓人們更覺智識似乎無望解決威脅性更勝以往的社會和心理阻礙，這種抗議也漸成自我應驗的預言。科幻小說會宣揚一種優越或「更高等」智慧的概念，稱這種高階智力將為人類事務及混亂的情感建立秩序，從而結束「童年」——亦即歷史。色情作品就如法西斯的壯觀群眾場面，兩者的目的皆在於抹煞思想（把身體、統治者及被統治者編排成理想的樣貌）。

我們所處的文化不是為了追求全然的純真而完全否定掉智識，便是將智識當作權威和鎮壓的工具而捍衛之。但在我看來，唯一值得捍衛的智識是具有批判性的、是辯證、是秉持懷疑態度、是不加簡化的。智識若是旨在以決絕手段解決（這便是壓制）衝突，若是將操縱的行為合理化——當然，這麼做為的總是他人的利益，正如俄國作家杜斯妥也夫斯基筆下宗教大法官所提出的精彩論述（這也縈繞在科幻小說的主要傳統中）——這種智識並不符合**我的**標準想像。不意外，對智識的輕視總是伴隨著對歷史的輕視。誠然，歷史即悲劇。但我仍沒辦法支持任何意圖終結歷史的智識概念——悲劇至少讓文明有發展的可能，而終結歷史便是在以永恆的野蠻狀態取而代之。

我先假設，捍衛文明就意味著捍衛非威權的智識。但所有捍衛當代文明者都得明白——儘管我認為常常把這掛在嘴邊無甚助益——這個迄今已由野蠻取代的文明**已經**走到了盡頭，我們做什麼也無法將其拼湊回原狀。我們只能試圖理解現下的過渡文化，努力擺脫「過度敏感」及「消極無作為」帶來的雙重痛苦，沒有任何立場是舒適的，也沒有任何人應對自己的立場沾沾自喜。如要探究智識與純真、文明與野蠻的問題，要探究我們對真理應負的責任、對人們需求應負的義務等問題，最引人深省的論述也許就屬奧地利作曲家荀伯格（Arnold Schoenberg）所作歌劇《摩西與亞倫》（*Moses and Aaron*）的唱詞了。杜斯妥也夫斯基並未讓耶穌回答大法官的獨白（儘管整部小說應給我們、也確實給了我們理解答案的材料），但摩西與亞倫都回應了彼此的論點。而雖然荀伯格在全劇裡同時藉戲劇和音樂手法來反對亞倫代表的立場，並支持摩西的論述，但在兩人的實際辯論中，作家卻讓雙方的論點處於平等地位。因此，爭論其實尚未解決（而現實狀況便是如此），因為這些問題極其複雜。摩西和亞倫都是對的。任何有關文化的嚴肅辯論——最終都必然是在設法辯出真理——都必然尊重這樣的複雜層次。

（一九七五年）

出處說明

〈衰老的雙重標準〉在一九七二年九月二十三日首次刊載於 *The Saturday Review*，之後收錄於 *Susan Sontag: Essays of the 1960s & 70s* (Library of America, 2013)。

〈女性的第三世界〉首次刊載於 *The Partisan Review* 第四十卷第二期（一九七三年春季），之後收錄於 *Susan Sontag: Essays of the 1960s & 70s* (Library of America, 2013)。

〈女性之美：是貶抑或是力量的泉源？〉與**〈美：下一步又有何變化？〉**分別在一九七五年四月及五月首次刊載於 *Vogue* 雜誌，之後收錄於 *Susan Sontag: Essays of the 1960s & 70s* (Library of America, 2013)。

〈誘人法西斯〉於一九七五年二月六日首次刊載於 *The New York Review of Books*，後發表於 *A Susan Sontag Reader* (Farrar, Straus and Giroux, 1982)。用於回應該篇文章之**〈女性主義與法西斯主義：艾德麗安・里奇和蘇珊・桑塔格交流〉**則於一九七五年三月二十日首次發表於 *The New York Review of Books*。

〈《沙爾曼甘迪》訪談〉首次刊載於《沙爾曼甘迪》季刊第三十一暨三十二期（一九七五年秋至一九七六年冬），為 Robert Boyars（《沙爾曼甘迪》編輯）以及 Maxine Bernstein 於一九七五年四月所作訪談的略微刪節版本。文章之後亦收錄於 *A Susan Sontag Reader*（Farrar, Straus and Giroux, 1982）。

文化思潮 211

論女性 On Women

作者：蘇珊．桑塔格 Susan Sontag
譯者：黃好萱
主編：湯宗勳
特約編輯：鄭又瑜
美術設計：陳恩安
企劃：鄭家謙

董事長：趙政岷｜出版者：時報文化出版企業股份有限公司／108019 台北市和平西路三段 240 號 1-7 樓｜發行專線：02-2306-6842｜讀者服務專線：0800-231-705；02-2304-7103｜讀者服務傳真：02-2304-6858｜郵撥：1934-4724 時報文化出版公司／信箱：10899 台北華江橋郵局第 99 信箱｜時報悅讀網：www.readingtimes.com.tw｜電子郵箱：new@readingtimes.com.tw｜法律顧問：理律法律事務所／陳長文律師、李念祖律師｜印刷：勁達印刷有限公司｜一版一刷：2025 年 5 月 9 日｜定價：新台幣 400 元

國家圖書館出版品預行編目（CIP）資料｜論女性／蘇珊．桑塔格（Susan Sontag）著；黃好萱 譯－一版 .-- 臺北市：時報文化，2025.5；240 面；13×21×1.2 公分 .--（文化思潮；211）譯自：On Women｜ISBN 978-626-419-314-6（平裝）｜1. 女性 2. 性別研究 3. 女性主義｜544.5｜114002552

ISBN：978-626-419-314-6
Printed in Taiwan